"THE GAMBLER"
IL GIOCATORE D'AZZARDO

Andrea Falcinelli

Dediche / Note / Appunti

A mio babbo Vittorio...

Quell'uomo incredibile che con il suo misto di semplicità e genialità folle mi ha insegnato a vivere.

Grazie alla sua diffidenza mi ha insegnato a tenermi fuori dai guai seri e lontano dalle persone poco limpide o negative. Grazie alla sua generosità mi ha insegnato che la ricchezza è relativa e quando si vuole rendere felice qualcuno, specie un bambino, può bastare davvero poco. Grazie al suo lato artistico mi ha insegnato che razionalità e numeri non bastano per essere appagati nella vita. Grazie alle sue stupide smorfie espressive e vocali mi ha insegnato che l'ironia è sia talento sia qualità, risultando una delle doti più apprezzate dalle persone che incontro sul mio cammino. Grazie alla sua propensione al rischio (seppur più moderata della mia) mi ha comunque insegnato che se fossi stato tiepido e totalmente avverso al rischio stesso, non sarei mai andato lontano nella vita.

Consigli e indicazioni che oggi mi fanno sentire vivo e felice, perché a 38 anni ho già visitato più di 30 Paesi nel mondo, perché ho dovuto imparare a cavarmela da solo vivendo in un paese asiatico, perché ho vissuto infinite nuove esperienze, nuovi amori, passioni. Sento di aver vissuto e di vivere in altre vite, tutte quante dentro la mia vita stessa. Il suo profumo di babbo è così forte e impresso tra le narici e la mente che non potrò mai dimenticarlo.

Grazie Bà!

Benvenuti in sala giochi...

www.andreafalcinelli.com

universethanks@gmail.com

 @andrea.falcinelli.author

2021 © Andrea Falcinelli
Tutti I diritti riservati

Codice ISBN: 9781070509532

- INTRODUZIONE -

E così il "Peter Pan" Dott. Farnesi, il bullizzato Giacomo, la bellissima coreana Aurem Lee, la pacioccona Iolanda, l'affascinante "lupo di Wall Street" Harvey e me stesso in prima persona, cercheremo di farvi immedesimare nelle nostre storie di gioco e redenzione.

Proveremo a farvi comprendere le dinamiche che determinano la dipendenza dal gioco e l'appassionante e duro percorso che deve essere intrapreso qualora ci si voglia convivere, usando il self-control.

Talvolta quando la dipendenza risulta cronica e davvero distruttiva non è possibile conviverci e l'unica via sarà quella della disintossicazione. In questo caso serviranno azioni drastiche e l'aiuto di persone care o professionisti del settore in ulteriore supporto.

Il lettore potrà percepire le sensazioni ed i sentimenti più comuni che adombrano la mente di giocatori ed amanti del rischio patologici, non c'è esenzione che riguardi età, sesso, razza, differenze culturali o socio-economiche.

È facile assopirsi e lasciarsi andare nel vortice di questa tanto divertente quanto subdola dipendenza.

Dunque, nel caso non siate giocatori ma abbiate il sospetto che un vostro caro lo possa essere, non esitate nell'approfondire l'osservazione dei sintomi critici che elenco e sviscero all'interno del libro.

Personalmente spero davvero di poter dare il mio contributo per aiutare qualcuno a risolvere i suoi problemi con la ludopatia che purtroppo spesso vanno ad intaccare l'armonia e la stabilità di interi nuclei familiari, sia per via del disagio economico sia per via dei cambiamenti del comportamento che generalmente deturpano la personalità delle vittime della dipendenza da gioco.

La vita è meravigliosa, un viaggio unico sul nostro paradiso naturale chiamato Terra. Chiunque sia schiavo di una dipendenza vede il mondo e la quotidianità in maniera via via sempre più limitata.
La vita inizia ad essere vissuta solo in funzione di tale dipendenza e nella fattispecie dell'argomento qui affrontato il denaro diventa pura ossessione, sia quando viene investito in modo compulsivo per ottenere guadagni rapidi sia quando viene distrutto senza ritegno nel tentativo di recuperare le perdite.

Le perdite purtroppo diventano generalmente pesanti ed irrecuperabili finendo per distruggere la vita del giocatore ad ogni livello, sociale, economico e personale.
E allora come può un essere umano come massima espressione di talento ed intelligenza a livello universale sprecare il suo tempo diventando schiavo di una dipendenza?
Non ce lo possiamo proprio permettere qualunque tipo di dipendenza si tratti.

Come anticipato in questo libro cercherò di consigliare le strade migliori per tentare una redenzione o per lo meno una gestione del fenomeno, per poi rimettere al centro la libertà ed i talenti che ciascuno di noi possiede e che determinano il reale successo della personale missione di vita.

Per provare ad arginare la depressione e l'auto-distruzione il "risk lover" dovrà imparare a comandare sulle sue pulsioni ascoltando giorno dopo giorno le indicazioni suggerite dalla propria coscienza e qualora non bastasse aprirsi ad un aiuto esterno. La società d'oggi non ascolta, sostiene ed integra facilmente le personalità più sensibili che sono proprio quelle a maggior rischio di cadere vittime delle dipendenze.

Se sei un giocatore d'azzardo la tua nuova missione di vita inizierà proprio qui, alla fine di questo libro, alla fine del tunnel. Perché la tua vera missione di vita è già scritta e devi solo tornare a meravigliarti per i miracoli semplici di ogni giorno, esplodere le tue infinite potenzialità ed il tuo infinito talento. È ora di tornare a vivere da vincitore!

Buona lettura.

"THE GAMBLER"
IL GIOCATORE D'AZZARDO

PRIMA PARTE

GIOCO E STORIE DI GIOCATORI

1

ADRENALINA DA RISCHIO COME DROGA

Qui dentro troverete qualche storia sulla mia vita e come si è sviluppata la mia propensione al rischio, confermata dal racconto di alcune mie esperienze con l'azzardo.

Vi parlerò di una mia breve storia d'amore con una ragazza coreana che soffriva di dipendenza da gioco pesante e vi narrerò le storie di altri giocatori di diversa età ed estrazione sociale, tutto questo nel tentativo di analizzare il vizio del gioco che spesso per mia volontà o per mero destino ha incrociato il mio cammino. Così finiremo per sfiorare la psicologia e la filosofia come inevitabile passaggio per guardarsi dentro e gestire al meglio questa propensione al rischio che non va condannata, ma sconfitta o gestita come ogni altra dipendenza. Questo progetto vuole essere metaforico, accostabile e paragonabile a tutte le altre dipendenze che modificano la vita delle persone negativamente alterando la percezione della realtà.

Quindi non dovrete essere propriamente giocatori d'azzardo patologici per apprezzarne lo scopo finale.

Dobbiamo solo prendere atto che nel momento in cui una dipendenza ci domina la nostra natura viene modificata, perdiamo di vista le nostre personali e virtuose attitudini diventando vittime di un ciclo passivo degenerante.

Molti vizi o perversioni se assunti con moderazione possono avere effetti benefici e distensivi, per esempio il gioco può regalare un po' di relax lontano dalla ripetitiva e stressante quotidianità, adrenalina e pure gioia nel momento in cui si vince. Qualcuno abusa con lo shopping, altri con il troppo lavoro, altri sono semplicemente pigri e la pigrizia diventa la loro dipendenza immobilista.

E ancora molte persone abusano di cibo e alcool alimentando malattie quali l'obesità, il diabete o l'alcolismo, ovviamente altri fanno abuso di droghe, chi si perde nei social network, nella TV, nelle infinite sessioni ai video games, e poi c'è persino chi diviene dipendente dal sesso compulsivo.

È tutto relativo e le somme investite a fondo perduto in una o più dipendenze di cui sopra possono essere davvero rilevanti. Ma i problemi non si limitano alla perdita del sol denaro, a mio avviso lo spreco più grave è quello in termini di tempo, salute, opportunità di lavoro, viaggi e sicuramente delle relazioni con le altre persone che si deteriorano o distruggono definitivamente.

C'è davvero tanto da perdere in svariati sensi. Ma in questo libro io parlerò di tutti gli aspetti negativi che una dipendenza può ripercuotere sulla vita delle personalità più sensibili, usando appunto quella del gioco d'azzardo e del rischio finanziario più in generale.

Dunque, quando abusiamo di qualcosa la causa è inevitabilmente dettata da un problema che si manifesta a monte, nella vita reale.

Una volta entrati nel loop negativo di una dipendenza sarà importante ammetterlo rapidamente e con estrema umiltà, altrimenti ci ritroveremo immobilizzati nella morsa del masochismo e del vittimismo che cresceranno di pari passo con le sconfitte e le relative perdite economiche.

Quando non risolviamo i veri problemi che affollano il nostro subconscio ecco che l'insofferenza, la delusione, l'isolamento e la noia ci spingeranno ad abusare di un qualche cosa, diventandone rapidamente dipendente indipendentemente dal tipo di dipendenza stessa.

Personalmente sono stato nei casino di Las Vegas (3 volte), Praga (2 volte), Amsterdam (2 volte) e Macau (1 volta ma per ben 26 giorni). In questi paradisi dell'effimero ho goduto di intense e gradevoli sessioni di gioco, talvolta vincendo, talvolta perdendo.

Ho giocato spesso sui casino online direttamente dal divano con il PC connesso alla TV, per me sicuramente più eccitante delle serie TV o della maggior parte delle partite di calcio della mia squadra del cuore, malgrado queste due ultime siano gradevoli attività che mi godo spesso durante l'anno. Come potrei mai giudicare la mandria di giocatori d'assalto che popolano la società? Un business miliardario quello dell'azzardo che ha visto nascere e crescere città/casino in giro per il mondo e che non vede crisi anno dopo anno, al contrario espandendosi grazie alla tecnologia in supporto che fa partorire giochi sempre più avvincenti ed emozionanti.

Ho assaporato l'adrenalina a mille delle vittorie come lo sconforto della perdita totale, e tutto è avvenuto anche in poche ore spinto dall'estasi del rischio. Fare e disfare migliaia di dollari solo per la colpa di non essermi saputo fermare, dando ascolto all'ingordigia del volere di più e subito. La mancanza di equilibrio e di limiti il più delle volte ti punisce e io ne so qualcosa. Altre volte sono stato freddo e calcolatore moltiplicando il mio budget iniziale di 3,4 o 5 volte per poi ritirarmi tronfio ed esaltato per il grande profitto e pure per il mio grandioso self-control. Anche gli stati d'animo e le condizioni finanziarie a monte possono condizionare la performance di un giocatore.

Sono tuttavia convinto che perdere in malo modo possa servire nella vita, ci fa riflettere, cambiare, spingere verso nuove direzioni che non avremmo mai intrapreso nell'agio e nel benestare costante.

Ho benedetto personalmente certi fallimenti e cambiamenti drastici del mio passato che qualora non fossero avvenuti non mi avrebbero fatto diventare colui che sono oggi, non mi avrebbero fatto viaggiare quanto non lo abbia fatto fino ad ora e di conseguenza la mia saggezza non sarebbe mai cresciuta (sicuramente non un guru di vita ma credetemi, meglio di quanto non sia stato in passato).

La sensibilità della nostra mente evoluta in qualità di esseri umani ci spinge a riflettere sul perché di eventi auto-distruttivi, e così si capisce quanto sia di primaria importanza mantenersi liberi, mai schiavi degli impulsi irrefrenabili che il materialismo e tutte le cose a basso livello energetico ci spingono a fare.

Paradossalmente può far male anche la dipendenza dal lavoro, quando pur di macinare profitti e performare al top, sempre e comunque, ci si riduce all'alienazione senza poter godere appieno della vita che nel frattempo ci scivola via. Ci ritroveremo anziani con qualche casa e un bel conto in banca, e cosa potremo più fare allora? La forza, la bellezza, la lucidità, il coraggio, le opportunità e le amicizie, tutto sarà modificato tendenzialmente in peggio.

Non siamo macchine d'acciaio con un cervello programmato, siamo esseri umani che senza un equilibrio psico-fisico, deperiscono velocemente. Senza inseguire sogni e piccoli obiettivi che vibrano con la nostra vera anima interiore, sulle frequenze che sentiamo nostre e con le persone che sentiamo in sintonia con noi, finiremo per prosciugare i nostri talenti e via via la nostra felicità.

Nella fattispecie con le parole di questo libro voglio cercare di dirvi che non possiamo permettere al gioco d'azzardo o al rischio finanziario più in generale di spendere troppo del nostro tempo oltre che del nostro denaro, e non è possibile diventare dei perdenti od esserlo troppo a lungo. È il momento di gestire il fattore compulsivo che manda in rovina la maggior parte degli scommettitori e degli investitori pesanti e recidivi, è il momento di saper calcolare i propri limiti, è il momento di ammettere che a volte si percepisce la fortuna intorno ed il miracolo di una vincita inaspettata accade, ma questo non è sistematico e non può essere portato all'esasperazione. Altrimenti non esisterebbe neppure il concetto di fortuna stessa che è per definizione casuale e incontrollabile.

Ma il giocatore si sforza di credere in qualcosa che non è reale ma che fabbrica all'interno del suo nuovo mondo di illusioni, crede di percepire la fortuna intorno a lui quando invece era solo spinto dal bisogno di giocare, dalla mera dipendenza. Non è possibile sapere quando è il momento giusto per rischiare nel mondo dell'azzardo, che altro non è che statistica, conti e dove ovviamente le probabilità di vittoria sono sempre più alte per il banco, per i gestori del business (come vedremo tra poco)

Siamo dipendenti anche tutte quelle volte in cui insistiamo in un progetto senza averne valutato bene le potenzialità, solo per sensazioni o per obbligo. Pensiamo ad un business, per esempio, supponendo di volerlo lanciare senza aver calcolato tutte le variabili connesse. Supponiamo di crederci solo perché ci sentiamo fortunati o perché percepiamo che i locali ove vogliamo crescerlo siano energeticamente positivi. Allora le nostre sensazioni risultano errate e quel bar al mare che pensavamo potesse renderci ricchi si rivela un fallimento. O ipotizziamoci degli idealistici amanti della natura che vogliono aprire una casa vinicola sia per passione sia per crearne un business.

Ma dopo interminabili investimenti e un paio di annate con profitti nulli, ci rendiamo conto di aver progettato il tutto sul terreno sbagliato che cresce dell'uva pessima e che di conseguenza ci porta ad imbottigliare un vino pessimo. Quando ammetteremo i nostri fallimenti personali, come questi due utilizzati come esempio, saremo già in bancarotta, saremo stati dipendenti da sogni sbagliati e ciechi d'innanzi all'evidenza dei numeri.

Succede di diventare dei perdenti sistematici nei più disparati campi della vita perché la parte più profonda di noi stessi ci vuole indicare un malessere sottile che coviamo dentro, al quale poniamo una reiterata, testarda e quindi distruttiva resistenza.

È semplicemente il momento di cambiare la nostra vita: finire una relazione che non ci rende felici e che ci fa vivere ad un basso livello energetico, drenando la nostra di energia, o magari è giunto il momento di cambiare un lavoro che ci sta assorbendo ogni forza psico-fisica e ci restituisce solo stress e tensione, o ancora è il momento di iniziare a risparmiare soldi che scialacquiamo investendoli in un progetto o una passione a noi perfettamente affini, o ancora iniziare una nuova vita in un altro continente.

Tutto può essere se è giunto il momento di liberarsi da tutto ciò che non ci fa vivere ad alti livelli energetici, nella serenità, nell'equilibrio, nella salute e nell'amore.

Così come ogni essere umano nobile vorrebbe.

Dicevamo che le dipendenze che possono intaccare un essere umano sono ormai tantissime, ma in linea di principio lavorano tutte sugli stessi recettori cerebrali e sulle stesse sostanze chimiche che dominano le nostre emozioni. Ecco perché diventare giocatori d'azzardo cronici perdendo ingenti somme risulta tecnicamente uguale al diventare un drogato di sostanze stupefacenti, o ad una shopper compulsiva, ad un alcolizzato, ad un grande obeso, ripeto, tecnicamente.

Tutte le patologie che implichino dipendenza derivano da uno stato conscio o sub-conscio di saturazione della nostra volontà, denotano insoddisfazione e portano il soggetto a punirsi, imbruttirsi. La volontà di cambiare che non abbiamo, il coraggio di lasciare esplodere le novità che manca, così ci chiudiamo in quel vortice regressivo che crea una dipendenza, l'auto distruzione per l'incapacità di lasciarci abbandonare ad un'evoluzione naturale.

Caro amico o amica che hai una dipendenza da gioco, devo dirti che hai una sola scelta da fare!

Reagire, cambiare, ritrovare i tuoi talenti e così seguire la tua amata missione di vita! E il caro gioco che oggi sembra essere il tuo ossigeno?

Con calma in un successivo momento potrai magari tornare al casino una volta all'anno, o scommettere qualche euro sulle partite di calcio, o fare un po' di trading finanziario, solo quando sarai più forte della tua dipendenza cronica, quando avrai sradicato le cause e starai vivendo nella tua nuova dimensione da vincente.

Così magari tornerai a giocare d'azzardo solo un paio di volte all'anno durante viaggi di piacere, o in una serata speciale con un business partner, o rischierai qualche banconota da 10 € al poker con gli amici di vecchia data. Oppure tu amico trader finanziario che hai perso tutto, magari tornerai ad investire un piccolo capitale in operazioni finanziarie ponderate, per esempio in una innovativa cripto valuta o azienda della tecnologia blockchain, o ancora su nuove start-up che progettano robot per pulire il mondo dalla plastica, chissà.
Premiare le innovazioni delle aziende all'avanguardia che stanno dietro ad un progetto nobile potrebbe diventare la tua nuova strategia d'investimento. Dopo aver ritrovato il tuo equilibrio troverai anche infinite opportunità di successo, è un teorema che funziona sempre.

UNA SOLA CAUSA E TANTI PERCHÉ

Perché iniziando col giocare pochi Euro si può arrivare a giocarsi le mutante? Perché ogni volta ci si convince di poter recuperare quanto perso? Perché qualche giocatore d'azzardo inizia a provare una perversa forma di piacere anche quando perde? Perché un perdente abituale si trasformerà in un perdente cronico? Perché il giocatore d'azzardo patologico comincerà a mentire a sé stesso e ai suoi cari? Perché è così difficile uscirne da soli e spesso si ha bisogno di un supporto esterno per farcela?

In arrivo le risposte da un "risk lover" che ha sguazzato per anni nel mondo del gambling e del trading finanziario, uno che ha alternato euforia a delusione, per poi decidere di stendersi al sole di quella spiaggia sicura che si chiama "equilibrio", il cosiddetto giocare responsabilmente.
Ho intervistato diverse persone durante i miei viaggi più o meno lunghi a Las Vegas e Macau, a Praga ed Amsterdam. Vicini di slot machine o di tavolo verde che come me hanno rimbalzato tra gli alti e bassi del gioco provando tutti almeno una volta lo schifo e la delusione bruciante delle sonore sconfitte.

Svisceriamo e analizziamo insieme la "patologia" del gioco d'azzardo cosicché qualora voi siate dei giocatori pesanti potrete entrare in profondità dentro voi stessi senza vergogna né paura, alla ricerca delle cause che vi spingono ad essere tanto compulsivi.

E alla fine comprenderete la magnificenza della parola "consapevolezza", essere consapevoli che la patologia ha preso il sopravvento e va moderata utilizzando le esperienze negative del passato per cambiare in positivo, rimbalzare e quindi risorgere.

Buona rinascita a tutti voi guerrieri!

PS: personalmente vado ancora al casino o gioco d'azzardo online ma attenendomi a budget prestabiliti e tempistiche cadenzate. Così in caso di perdita non mi creo disagi, e in caso di vincita mi regalo qualche piccola soddisfazione. Poi quando incontro gli amici storici una bella pokerata in compagnia non me la faccio mai mancare, perché in compagnia di amici veri si puntano solo 10/20 € a persona che sono più che sufficienti per attivare quell'adrenalina e quella competizione che rendono tutto più avvincente. Per concludere questo post scriptum vi ricordo che giocare cifre significative con gli amici (anche se di vecchia data) può rovinare le amicizie stesse!

Il denaro resta davvero la forma più bassa di energia che possiamo trovare in questo mondo e spesso prima causa di conflittualità tra esseri umani.

Il denaro serve per quantificare e scambiare oggetti o servizi ma mai potrà quantificare e scambiare le esperienze ed i sentimenti tra le persone.

- Macchiavelli disse:

"Nessuna grande conquista è stata mai ottenuta senza affrontare dei rischi"

In questa breve affermazione Macchiavelli ci parla di rischio che è la sostanza stupefacente che rende schiavi i giocatori d'azzardo, quell'adrenalina bastarda della quale ben presto si diventa dipendenti.

E allora convertiamo questa adrenalina del rischio in un rischio più nobile, ovvero quello necessario per riconquistare la personale libertà!

Questa sarebbe una conquista! Paura eh? Lo so, è difficile farlo mettendosi a nudo e ammettendo i propri limiti, quanta vergogna, ma è l'unica strada per la redenzione, per ottenere la libertà che ci renderà davvero dei vincitori. Il rischio nella vita può essere un alleato quando ci serve come spinta per fare il salto di qualità, quando una nostra buona idea sulla quale investire potrebbe portarci al successo, quando un buon investimento potrebbe regalarci una rendita finanziaria. Ma il rischio va ponderato.

Relativamente al gioco d'azzardo, al trading finanziario e ad ogni forma d'investimento appunto ad alto rischio, generalmente ci troviamo a giocare ad armi impari.

Ci troviamo a competere al cospetto di un rischio meschino, falso e sempre a svantaggio.

Chi si trova infatti dall'altra parte e amministra questi progetti d'investimento, compreso il grande business del gioco, conosce bene le regole stesse di tale gioco e gli indici di rientro perché il tutto è da loro autonomamente progettato per lucrarvici.

Le società che gestiscono i casino, le lotterie, le banche, i grandi imperi finanziari, ecc., tutti questi sanno bene che solo ogni 99 pecore perdenti ci sarà un 1 lupo vincente, tutto il resto cioè la parte più grande dei profitti se la portano a casa loro, i banchi.

Non potete più essere schiavi sottomessi a questi poteri tanto autoritari quanto silenziosamente legalizzati, non potete combattere impugnando una nobile spada ben affilata se il vostro sfidante vi tiene sotto tiro con un fucile di precisione. Ma potete giocare e rischiare con astuzia e sangue freddo, solo quando volete divertirvi per un po' e senza aspettative, consapevoli del fatto che partirete svantaggiati. Se parliamo di investimenti invece potremo credere in un progetto solo quando saremo in possesso di informazioni concrete e plausibili. O per lo meno quando investire in un eventuale progetto ad alto rischio non ci crei problemi finanziari in caso di perdita parziale o totale dell'ammontare implicato.

GUARDIAMOCI ALLO SPECCHIO
E NON CI FAREMO PIU' PAURA

Cari lettori dopo innumerevoli esperienze nel mondo del trading finanziario e del gioco d'azzardo vorrei condividere con voi alcune analisi. Ovviamente con queste spero di poter innescare in voi una reazione, qualora sentiate il definitivo bisogno di uscire dalla soffocante trappola del gambling che magari vi ha già ridotto maluccio. Oppure qualora stiate percependo che il gioco stia diventando un problema via via più serio settimana dopo settimana, perdita dopo perdita.

Se invece sei un lettore puro (non giocatore intendo) interessato solo a sviscerare questo argomento come fosse un romanzo od un libro di psicologia applicata, benvenuto comunque, benvenuto nel perverso mondo dell'azzardo. Qui comprenderai il controllo che l'azzardo può esercitare sulle persone e tutte le ripercussioni che può scatenare sulla vita del singolo. Magari leggendo questo libro un giorno potreste trovarvi ad aiutare qualcuno a voi caro caduto nella trappola, potreste persino riconoscerne i sintomi. Sapete, non è affatto semplice per un giocatore cronico ammettere che la situazione gli stia sfuggendo di mano, evolvendo in una vera e propria patologia.
Nessuna persona dominata da una dipendenza ammetterà in leggerezza di essere schiavizzato da tale dipendenza.

Questo libro vorrebbe altresì risultare una buona lettura per chiunque adori vivere storie vere che vengono narrate per rispondere ad esigenze vere.

Come dicevamo prima "il banco vince sempre" e salvo i rari casi dove fortuna, forza mentale, esperienza, self-control, conoscenza della materia e "talento" premino i pochi vincitori professionisti, generalmente ci troveremo posizionati nel grande bacino dei "perdenti", ahinoi.
Mediamente per ogni scaltro lupo vincitore ci sono 99 pecore perdenti. Il problema non è drammatico finché riusciamo ad essere almeno delle volpi, ovvero finché riusciamo a gestire con saggezza le nostre finanze e giocare solo per un po' di piacere e di gloria personale.
Qui siamo nel pacifico caso di quei giocatori che puntano le classiche 2-3 € alle lotterie per settimana, o qualche spicciolo sulle scommesse sportive o al poker online.
Poco male in questo caso.

Ma sempre più spesso questa partecipazione sapiente e divertente al gioco si trasforma in una reale e profonda patologia. L'eccitazione e il piacere del rischio possono lievitare fino a trasformarsi in dipendenza cronica.

Come accade con ogni dipendenza paragonabile anche all'utilizzo di sostanze stupefacenti il nostro cervello tende a perdere il contatto con la realtà, e non contento aprirà le porte del nostro lato più profondo ed oscuro. Il lato oscuro dove si allenano le paure e tutti i blocchi derivanti dai fantasmi del passato. Può essere una sensazione di inadeguatezza per via della nostra estrazione sociale non aristocratica che abbiamo sofferto fin da bambini al cospetto dei più abbienti, oppure l'insicurezza che proviamo in relazione degli standard di successo pretesi dalla società d'oggi, o magari i fallimenti vissuti, la perdita del lavoro, di un amore, un trauma subito durante l'infanzia, un'educazione troppo proibizionista o al contrario troppo lasciva, la solitudine o ancora la noia.

Sentiamo così il bisogno di essere o meglio "sentirci" vincenti in qualche cosa e il gioco può donarci questa illusione temporanea. Ma se non riusciamo a controllare la pulsione aggressiva richiamata dalla voglia di giocare ancora ed ancora, potranno ben presto sopraggiungere l'isolamento e la solitudine e così, sconfitta dopo sconfitta, fiorire la vergogna e la delusione. Qualora le perdite divenissero ingenti potrebbe sopraggiungere pure la disperazione, la depressione e la paranoia con il conseguente terrore che i propri cari se ne possano accorgere. Non sarebbe forse meglio cercare il successo nei campi dove veramente potremmo eccellere grazie alle nostre doti personali? Sicuramente si, ma se sei giocatore d'azzardo patologico hai già imboccato la strada perversa del fallimento reiterato.

L'elenco potrebbe essere allungato di molto ma anche se la tentazione è forte devo cercare di non addentrarmi troppo nella psicologia e nella psichiatria, ora è meglio asciugare i vari punti che affronteremo per farmi capire al meglio. Sarà vostro compito auto analizzarvi gradualmente in profondità e diventare un po' psicologi di voi stessi trovando le ragioni che vi hanno spinto ad isolarvi dentro il mondo del rischio finanziario.

Quindi nei capitoli successivi non potrò fare a meno di tornare a sfiorare la filosofia e la psicanalisi, mi scuso sin d'ora se apparirò a tratti ripetitivo, prolisso, enfatico o confusionario ma non è semplice sviscerare questi argomenti.

E allora benvenuti a bordo! Affrontiamo insieme tutti i nodi più importanti da risolvere prendendo subito atto dei vostri limiti ma anche del vostro potenziale che potrà portarvi al successo una volta usciti dalla schiavitù della propensione al rischio esasperata.

Siamo esseri umani e sbagliamo, attraverso gli errori e le crisi della vita possiamo rimbalzare verso la realizzazione personale nei campi dove sappiamo eccellere.

Per iniziare ecco cosa dovrete fare nell'opera di auto analisi: ammettere le vostre debolezze e guardarvi dentro come primi passi necessari per conoscere i vostri limiti per poi superarli. L'umiltà nell'ammettere che state attraversando un momento di rivoluzione interiore che non può essere onorato con l'immobilismo e la caduta libera, ma solo con l'auto analisi e l'apertura al cambiamento.

Riconoscere che la vergogna e i giudizi altrui sono vere idiozie perché siete nati liberi e la vostra follia è anch'essa parte del vostro genio.

Siete degli stupidi giocatori d'azzardo o smodati trader finanziari? Siete sistematici distruttori di denaro?

Pazienza, da ora questo è solo il passato e potete risorgere nella vostra nuova personalità forte ed equilibrata.

Dovrete quindi riconoscere che finché non vi spingerete oltre questi vostri limiti ed errori rimarrete vittime degli schemi del passato, potenzialmente potreste rimanervi intrappolati anche per tutta la vita. Molti giocatori cronici che si sono rovinati la vita dichiarano che è impossibile uscirne e che la voglia di giocare resterà dentro di loro per sempre. Accidenti ma non stiamo mica parlando di eroina che modifica il cervello pressoché chimicamente!

Spero proprio di no!

Trasformatevi da masochisti e autolesionisti in brillanti personalità portatrici di talento e passione.

È giunto il momento di tornare ad osare per ottenere un nuovo tipo di successo. Così nuove persone energiche, positive e vincenti incroceranno il vostro nuovo cammino poiché attratti dalla vostra nuova vitalità.

Mandate a quel paese la dipendenza dall'azzardo e uscite da questa prigione una volta per tutte o perlomeno controllatene la sua incidenza grazie ad una nuova consapevolezza.

Rischiate solo per divertimento e saltuariamente, con budget prestabiliti che non potranno incidere sul vostro equilibrio finanziario.

La pigrizia, l'ozio e il vizio sono molto gradevoli ma quando durano troppo a lungo o divengono stili di vita quotidiani inizieranno a logorarci, prima o poi il nostro spirito guerriero ci spingerà ad attuare una profonda rivoluzione per ritrovare i giusti stimoli e tornare sul giusto percorso di vita.

Rinascere in una nuova fase della vita radiosa e attiva dove diventiamo di nuovo i veri arbitri e amministratori del nostro presente, e così del nostro futuro, abbandonando il marcio e gli errori del passato. Siamo esseri viventi con un infinito potere mentale e abbiamo tutte le qualità necessarie per rialzarci e tornare a sorridere, produrre, inventare, avere successo, amarci e poi amare!

Concludo questo capitolo introduttivo aggiungendo una cosa molto importante che voglio sottoscrivere fin d'ora. Io posso raccontarvi la mia esperienza e le sensazioni vissute, poi raccontarvi le storie di alcune persone che ho incontrato nelle mie esperienze nei casino, e ancora vi darò qualche consiglio ovviamente, ma non posso sostituirmi a strumenti che talvolta risultano necessari per superare sfide difficili come la patologia del gioco d'azzardo.

Spesso si necessita di un confronto con qualcuno di intimo e caro che possa ascoltare, consigliare e supportare nell'opera di redenzione. O magari si necessita di aderire a percorsi terapeutici in strutture adeguate con professionisti esperti nel trattamento di queste patologie: parlarne in famiglia, con il/la partner o con amici cari è sicuramente il primo passo.

Ma talvolta nemmeno questo potrebbe bastare e si dovrà essere assistiti da associazioni, gruppi di recupero supportati da psicologi e/o psichiatri, enti che forniscono personale ben preparato per la lotta contro le patologie cronicizzate.

2

L'ISOLA CHE NON C'È
NEL PAESE DEI BALOCCHI

Quell'attrazione verso il meraviglioso mondo del gioco d'azzardo era fortissima, sia che giocassi in un casino con il suo surreale, lussuoso e scintillante fascino, sia che fosse sullo schermo della TV con il computer collegato, giocando comodamente seduto sul divano. Qualsiasi fosse il contesto non potevano mancare i drinks e le sigarette.
Nel primo caso consumati entrambi comodamente all'interno del casino, nel secondo caso i drinks consumati comodamente sul divano ma le sigarette sul balcone di casa, magari accese prima di iniziare un'eccitante sessione bonus vinta alle slot, oppure dopo una lauta vincita alla roulette online.

Da giocatore d'azzardo a giocatore d'azzardo dunque vi chiedo, ma come si può rinunciare a tutto questo piacere e divertimento? In quella pace solitaria o magari scambiando giusto qualche parola con il giocatore dirimpettaio qualora ci trovassimo al casino o in una sala slot.

"Ma quale piacere e divertimento!?"

Tuoneranno gli psichiatri, gli psicologi e la gente per bene che non ha mai giocato e mai giocherà!

Allora cosa rende il gioco d'azzardo così avvincente ed additivo? Sicuramente la sua capacità di produrre dopamina prima (piacere durante la vittoria) ed adrenalina poi (paura durante la disfatta). Ma per una visione meno "chimica" e più "psicologica", proverò a rispondere in nome dei giocatori più accaniti che probabilmente condivideranno le mie analisi, almeno una buona parte di queste. Tutti coloro che odiano il gioco d'azzardo o ne sono completamente fuori ovviamente non possono accettarne alcuna sfumatura, non possono vederne alcun lato positivo da nessun punto di vista.

Ripudiando ogni forma di rischio (specie quando le probabilità di vincita sono oggettivamente sfavorevoli) criticano gli "stupidi" giocatori che mettono a repentaglio la personale stabilità finanziaria nonché mentale.

Queste persone così moraliste, perfezioniste, che vivono nella loro società piena di regole, di leggi perfette e di obiettivi volti alla sola crescita materiale, vedono il gioco d'azzardo come una cosa per persone miserabili, di basso ceto sociale e con una stupidità oggettiva, puri masochisti. Non possiamo di certo criticarli, lunga vita a loro e tanti successi mi viene da dire, però a loro volta non hanno il diritto di giudicare quelle personalità più sensibili o meno fortunate che si trovano a superare queste sfide, anche qualora non siano molto nobili come nel caso del gambling.

Pensate in effetti a quanto sia alta la percentuale di giocatori d'azzardo provenienti da famiglie povere o con un'educazione che a stento supera la terza media o che svolgono lavori di basso profilo.

Nel mucchio tuttavia ci sono dottori, luminari e manager sedotti dall'ebrezza del rischio e degli investimenti ad alto ritorno, ma statisticamente sono inferiori per ovvie ragioni proporzionali.

Ma allora i giocatori d'azzardo cronici come possono provare tanto piacere da questa pratica così rischiosa e deleteria?

E poi è proprio vero che il giocatore d'azzardo sia solo e sempre un rifiuto umano?

Così poco intelligente e tanto masochista?

È davvero così debole e perdente da iniziare ad amare le sconfitte fino all'autodistruzione?

Magari c'è qualcosa di molto più complesso, sottile e interiore che spinge l'essere umano fino a lì?

Abbiamo detto che un forte contributo alla dipendenza dal rischio è dato dalla dopamina rilasciata dal cervello durante le vincite, in una spinta ormonale con una potenza che non può essere sottovalutata. Quando un determinato soggetto sta vivendo un periodo della vita dove le soddisfazioni personali sono poche o nulle, oppure qualora il soggetto sia abituato ai successi ed alle vittorie del passato, cercherà nuove strade della soddisfazione.

Il rischio è sicuramente una di queste.

A questo processo si andrà a sommare la perversa azione dell'adrenalina che ogni qualvolta il giocatore si trovi davanti alla perdita del proprio budget, lo spingerà a tentare la fortuna più e più volte per combattere quel terribile sconforto. Andrà di nuovo alla ricerca di una dose di dopamina regalata dalle eventuali vittorie.
Si aprirà un circolo vizioso veramente duro da spezzare.

In questo capitolo cari giocatori d'azzardo sarò il vostro avvocato, l'avvocato del diavolo, proprio perché sono stato e a volte sono ancora, un giocatore come voi. In fondo solo chi si conosce nell'intimo può capirsi e poi aiutarsi vicendevolmente. Io voglio provare a descrivere a parole le più profonde sensazioni nonché le motivazioni che spingono i "risk lovers" ad auto punirsi ad oltranza, anche quando magari sono riusciti a vincere per un certo periodo.

Il problema è che il giocatore cronico è già consapevole del fatto che prima o poi anche quella ventata di fortuna e quindi denaro riconquistato, verrà disintegrato da successive perdite e sconfitte. Perché chi è dentro l'assuefazione della patologia non sa più accontentarsi.

GIOCATORI SPESSO GENI E IPER SENSIBILI

Moltissimi dei migliori filosofi, pittori, scrittori, attori, amanti, insomma i migliori artisti erano e sono tutt'oggi menti particolarmente sensibili e spesso perverse.
È facilissimo ed altrettanto inopinabile notare che tutte le anime più geniali, creative e ripeto ancora, sensibili, abbiano personalità complesse e problemi ad accettare i contesti sociali ove sono costretti a vivere.
Specie nella società d'oggi che cerca di imprimere le proprie regole ed i propri dogmi sull'umanità in toto.
Senza queste azioni sarebbe impossibile accelerare con la globalizzazione ed il consumismo.

Allora per queste personalità geniali e ipersensibili i problemi nascono spesso dalle mille domande che prima o poi si pongono, domande esistenziali, personali interiori o ancora sulle sorti dell'umanità.
Oppure riflessioni sul perché siano costrette a fare ogni giorno un lavoro ripetitivo che uccide i loro reali talenti (talenti che magari non sono ancora riusciti ad identificare nell'oppressione della routine della vita standard).

O personalità alle quali risulta difficile continuare a sopportare relazioni sociali o sentimentali che non sentono più vive, finendo così per rinnegare persino il contesto stesso ove sono costretti a vivere, quella casa, quella città, quei parenti, quel lavoro, con quella o quel partner che non amano più. Personalità che non riescono più a sopportare quel genere di vita. Che piaccia o meno ai severi bacchettoni perbenisti che additano i giocatori d'azzardo come elementi tendenzialmente falliti, io tendo a valutare le persone amanti del rischio e masochiste (vista la loro opera di auto distruzione) in maniera diametralmente opposta.

Non dico di certo che siano migliori ma sostengo che abbiano infinite potenzialità e inconfutabili ragioni personali che non sta a noi giudicare.

Le persone irreprensibili e pressoché perfette secondo i canoni sociali, magari i migliori fisici, matematici, ingegneri e chimici, come psicologi e psichiatri, atleti dal fisico perfetto, tutti loro non possono giudicare i giocatori d'azzardo solo per i loro risultati negativi auto-distruttivi e che non portano alcun progresso sociale. Perché dietro ai giocatori si possono comunque nascondere talenti dei quali l'era moderna e le sfide delle nuove generazioni ha dannatamente bisogno, ma che non sono messi in condizione di esprimersi.

Il nostro problema o meglio uno dei problemi della società d'oggi è quello di non riuscire a favorire e creare le condizioni e le situazioni che possano portare alla valorizzazione del singolo individuo.

Senza la valorizzazione e l'armonizzazione delle potenzialità in seno ad ogni essere umano qui sul pianeta Terra come potremo sperare in un'evoluzione totale del 100 % della popolazione? Ovviamente è infattibile.

Le dipendenze e l'autolesionismo diventano a volte l'unica strada per quelle persone ipersensibili ed abbandonate a sé stesse, la via per morire e rinascere nuovamente, sembra un paradosso ma il subconscio umano va alla ricerca di una crisi personale proprio per sbloccare condizioni di vita che non vibrano più sulle reali attitudini dell'individuo stesso.

Poi c'è chi di rischio o bancarotta ci muore davvero, schiacciato dai debiti e dalla vergogna nei confronti di chi vive intorno a lui. La colpa non è sicuramente di chi gli sta intorno ed è spesso allo scuro, ma piuttosto della società nel suo complesso. O meglio diciamo che oggi non si fa abbastanza per conoscere il prossimo e integrarlo, per costruire progetti visionari sulle nuove generazioni di esseri umani che non possono più essere solo impiegati nella produzione e gestione di beni e servizi a scopo lucrativo.
Nuove generazioni viste come vacche da mungere e non come personalità geniali da lasciar esprimere e quindi esplodere.

La ludopatia non è poi così difficile da identificare in una persona con la quale si viva a stretto contatto, si vede negli occhi timidi, negli atteggiamenti schivi, nell'isolamento e in quel nuovo e deleterio modo di gestire le proprie finanze. Ma di tutto questo abbiamo già parlato ampiamente sopra e lo si leggerà ancora nelle righe dei prossimi paragrafi. Me se percepiamo dei campanelli d'allarme possiamo diventare degli eroi nel nostro piccolo, a volte basta un po' di ascolto e alcuni sorrisi per redimere un'anima persa o sbandata. Siamo consapevoli che non ci è possibile salvare il mondo, quindi se la vittima oppone troppa resistenza è meglio passare la palla a professionisti in grado di curarla. Ricordiamoci che a volte potremmo finire a fondo con la persona che tentiamo di salvare specie nel caso in cui essa sia dominata da dipendenze in fase avanzata.

Molte persone dopo aver distrutto ogni finanza e talvolta trovandosi sormontate dai debiti, decidono di lasciarsi andare al suicidio, è difficile tenere dentro sé innumerevoli incubi causati dalle disfatte seriali e dalla miseria.

Giunge la disperazione che oggi è spesso ignorata per via dell'indifferenza diffusa tra gli esseri umani, servirebbe più altruismo per salvare tante vite creando una nuova attitudine nell'umanità stessa.

Non c'è più la cultura gentile dell'ascolto, del consiglio, della condivisione dei problemi, della comunicazione come naturale abbraccio sociale dove chi si mette al servizio dell'altro dal punto di vista emotivo si sente appagato e soddisfatto per quanto fatto per il suo prossimo.

È un'attitudine meravigliosa insita nell'uomo intelligente. Tutti impegnati a correre da qualche parte concentrando le energie sulla propria soddisfazione e realizzazione personale, l'ego è smisurato. A mio avviso aiutare qualcun altro ad aprirsi dal punto di vista interiore è una cosa profondamente intima, non semplice, ma che regala emozioni senza pari.

Trovare persone disponibili all'ascolto è come trovare diamanti puri, rarissimo. Oggi è preferibile additare un giocatore d'azzardo come un danno sociale che crea problemi e che entra dentro tale vortice distruttivo solo per propria colpa e vigliaccheria, pertanto non merita alcun rispetto.

Stesso trattamento che si riserva a persone emarginate per altra natura e quindi dipendenza. Come accade con le droghe, con la dipendenza dal sesso (una dipendenza che vi suonerà insolita ma che esiste davvero e di cui parlo ampiamente nei miei libri sull'amore il sesso e la consapevolezza), con la dipendenza dall'alcool e tutte le altre più o meno conosciute, il giocatore d'azzardo non fa altro che chiudersi nel suo mondo illusorio.

In quel mondo virtuale dove si va a rifugiare per tenere lontane le cause delle sue infelicità e per stare lontano dalle storture della società d'oggi.

LA PUNTATA DELLA DISPERAZIONE

Dunque, anche il giocatore d'azzardo inconsciamente maledice le dure leggi della società moderna d'oggi e preferisce pensarla così:

"Io mi gioco tutto quello che ho con la consapevolezza che le probabilità di perdere sono molto più elevate rispetto a quelle di vincere. Io ci sto e rischio! Voglio solo isolarmi in un mondo virtuale dove posso staccarmi dalla realtà, fissare uno schermo assaporando l'ebrezza di ottenere un bonus ad una slot machines che mi regalerà emozioni attraverso potenziali vincite, assaporare il gusto di vedere delle carte buone in una mano di poker e sfidare gli altri idealisti ed emarginati come me, puntare una sfilza di fiches su quel panno verde con la ruota che gira piena di numeri seguendo il caso, caso che decreterà la mia miseria o la mia fortuna.
In questo mondo fittizio io giocatore mi nascondo, mi realizzo e mi dispero. "

E ancora...

"Tanto quei soldi maledetti vengono dal lavoro che odio, che non mi regala più stimoli alcuni, che si ripete ogni giorno come fossi un robot. Tanto sono pieno di debiti perché ho fallito come imprenditore e ora posso anche fallire totalmente. Tanto anche se volessi cambiare il mio futuro non potrei farlo, perché ho una famiglia e dei figli che devo onorare. È troppo tardi per tornare ad essere felice e indipendente. Ma vorrei solo avere una nuova possibilità, tornare ad essere libero come un bambino. Lasciatemi libero di volare come Peter Pan, qui nella mia Isola che non c'è. Ma lo so non posso farlo, non ho vie di fuga dalla sfilza di bollette, spese, oneri e relazioni che debbo rispettare e farmi andare bene per sempre.

È peccato mortale separarsi, e che ne sarà dei miei figli che piangeranno e mi odieranno. Ma per me l'amore verso il mio partner è finito ma ormai ho firmato quel documento che si chiama matrimonio e lo devo onorare, devo quindi ridurmi ad amare qualcuno per costrizione, per scelte del passato. Oh! Quante pretese da questa società d'oggi, a questo vivere in questa soffocante città.

E allora! Lasciatemi giocare, bere e fumare fino all'ultimo dei miei giorni!".

C'è chi ha la forza di uscire da tutto questo, di fuggire e iniziare una nuova vita assumendosi rischi e responsabilità, chi è più scaltro e menefreghista, ma c'è chi si lascia morire dentro per una, o più di una, delle ragioni di cui sopra. Quando la dipendenza e la disperazione si fondono il giocatore vuole solo essere lasciato stare, magari talvolta con il suo drink in mano e con abbondanti sigarette che enfatizzano il sapore del rischio e lo stato di perdizione. Qui abbiamo usato come argomenti gioco d'azzardo e scommesse ma potremmo parimenti parlare di un giocatore in borsa o di un trader finanziario che si giocano tutto su investimenti ad elevato rischio (ci tengo sempre a ricordarlo).

In ogni caso lasciatelo godere quando vince e soprattutto quando perde. Lasciatelo gioire quando vince e sa che potrà giocare ancora un po' restando in quel mondo di ovattato e surreale isolamento Altresì lasciatelo morire dentro quando perderà tutto e sa che dovrà tornare in quella società reale e competitiva, e dovrà procurarsi altro denaro, che ovviamente ritornerà a investire nel paese dei balocchi dell'azzardo. Lasciatelo fare finché non avrà perso tutto o quasi, quando avrà puntato l'ultimo disperato euro che gli rimane nel portafogli.

Così sarà, fino a quando non avrà il coraggio di dire che non ce la fa più ad andare avanti e dovrà confidarlo a qualcuno, o magari fino a quando qualcuno non lo scoprirà e riuscirà a scardinare la porta di quel mondo dell'effimero ove il giocatore è intrappolato. Perché come ben sappiamo nel Paese dei Balocchi ci arriva Pinocchio (conosciamo tutti benissimo quella favola), ed il giocatore d'azzardo non potrebbe essere la rappresentazione più idonea visto che spesso diviene un mentitore seriale con chiunque provi ad indagare, pur di restare al sicuro nel suo perverso mondo autodistruttivo. Lì nella dimensione sospesa del Paese dei Balocchi, sulla famosa "Isola Che Non C'è", come Peter Pan, un altro eterno bambino.

Ora vorrei raccontarvi alcune storie di persone che hanno avuto seri problemi con l'azzardo ma che hanno trovato la forza di uscirne in modi e tempi differenti, per cause di scatenamento della dipendenza altrettanto diverse.

Storie che mi sono state raccontate da conoscenti o da coloro che ho incontrato durante i miei viaggi nei casino o su fogli informativi relativi allo stesso argomento.

Ovviamente i nomi sono di fantasia e le loro storie sono romanzate ed adeguate per fornirvi un contenuto meglio leggibile e assimilabile. Le quattro storie che sto per raccontarvi iniziano con la nascita di sentimenti negativi e frustranti da parte di chi le ha vissute, quali delusione, vergogna, chiusura in sé stessi, perdita e disperazione, depressione.

Poi tutti i soggetti troveranno la via del risorgimento in una trasformazione rapida e totale, quasi si svegliassero da un incubo, questo grazie alla fiducia in qualcuno o in sé stessi, quindi apertura, comprensione e ammissione del problema, liberazione dal peso sopportato e quindi rinnovamento totale. Altri hanno solo posticipato il problema di qualche mese o anno, restando celatamente dipendenti.

Altri convivono con l'attrazione verso il rischio ma hanno imparato a gestirlo rendendolo più innocuo.

Resta il fatto che ognuno di voi possiede l'infinito potenziale necessario per risolvere qualsiasi problema di dipendenza vi si ponga d'innanzi nel vostro percorso di vita. Allora non riducetevi mai a divenire vittime della vergogna e di voi stessi. Perché siamo tutti perfetti così come siamo, ma a volte il nostro sub-conscio ci forza a chiudere i cicli del passato anche attraverso sacrifici e scelte drammatiche. Tutto questo per spingerci con forza a cambiare un percorso di vita sbagliato o che prima era giusto, ma ora non può più essere tale.

Perché molti di noi evolvono, chi prima, chi poi, chi tardi e ovviamente anche chi mai. Ma per chi ce la può fare siano benedetti il sostegno e la comprensione di chi crede in loro.

3

IL DOTTOR FARNESI
E LA SUA AMANTE SLOT

Un bravissimo primario dell'ospedale di Milano con una famiglia modello, due figlie ormai grandi rispettivamente di trentuno e trentaquattro anni e una moglie adorabile concentrata a dare il massimo solo per il bene della famiglia. Il dottor Farnesi non poteva chiedere di meglio dalla vita, diciamo che anche il suo compito di essere un buon padre e di provvedere alle necessità familiari lo aveva svolto egregiamente.

Le due figlie si erano allontanate da casa già da qualche anno scegliendo di studiare in due diverse facoltà rispettivamente a Bologna e Roma, la moglie tra casa e lavoro era entrata nella tipica routine da "casalinga" e invecchiando si era lasciata un po' andare dal punto di vista estetico. Il rapporto tra il dottor Farnesi e sua moglie era dunque diventato privo di passione e di coinvolgimento sia dal punto di vista sentimentale sia sessuale.

Tuttavia, lui non era un tipo da amanti o prostitute quindi la sua vita extra-lavorativa era diventata pesante, specie per il rapporto gelido che si era venuto a creare con la moglie.

Ormai la loro convivenza era dovuta solo come mero collante per l'unione familiare. Ma l'attrazione fisica e chimica si erano esaurite.

Era già da un po' di tempo che il dottore aveva preso l'abitudine di fermarsi in una nuova e scintillante sala slot machines situata vicino alla stazione di Milano.
Li poteva ricoverare la sua mente dai pensieri lavorativi ma soprattutto da quelli sentimentali, senza dover affrontare gli sguardi tristi e inquisitori da parte della moglie che lo aspettava a casa ogni sera. Talvolta si fumava le sue dieci o dodici sigarette accompagnate da vino rosso o birra fredda, complementi serviti in omaggio dalla cameriera della sala scommesse, era tutto così perfetto in quella pacifica e nascosta sala slot. Farnesi, quindi, utilizzava gli impegni di lavoro particolarmente duri in ospedale per coprire le sue scorribande ludiche in quella nuova "oasi di pace".
Vi si recava ormai quasi tutti i giorni, in prima o seconda serata in relazione agli impegni.

Questa situazione aveva irrigidito ulteriormente il rapporto tra i due coniugi visto che la moglie spazientita aveva iniziato a fare diverse domande a quel marito ultimamente tanto distratto. La pratica del sesso tra i due si era azzerata definitivamente e il comportamento acido della moglie aveva reso il marito irascibile e scostante.
Nel contempo lei aveva iniziato a parlare dei suoi problemi alla sorella, che cercava di rassicurarla con frasi di circostanza, ma nella moglie era ormai germogliato persino

il sospetto che vi fosse di mezzo un'amante.

Le figlie quando rincasavano dalle rispettive sedi di studio per festività o tempo libero, avevano notato chiaramente quel raffreddamento irrimediabile tra i cari genitori.

Cose che i figli sentono, e in quel caso erano bastate l'assenza di ironia e leggerezza nello stile comunicativo del padre, come la minor gioia e voglia di chiacchiere da parte della madre. Era ormai sottoscritto un vero e proprio stato di crisi tra i genitori. Conversazioni così brevi e fredde tra mamma e papà durante gli ormai pochi pranzi in famiglia, spinsero le figlie a domandare cosa stesse succedendo alla povera e affranta madre. Lei cercò di nascondere il tutto ma in maniera poco credibile.

Così le figlie preoccupate chiesero direttamente al padre che reagì con isterici sorrisi e forzate rassicurazioni di circostanza, infatti con la sua personalità storicamente positiva e gioiosa, tentava di dirottare le colpe di quel raffreddamento coniugale sull'età ormai avanzata e sulle grandi responsabilità che la sua longeva carriera implicava.

Giustificazioni che non bastarono per far rientrare l'allarme perché erano ormai troppe le notti in cui il padre tornava a casa tardi, spesso saltando di netto pure la cena. Le figlie non vivevano più stabilmente in quella casa da anni, ma i pochi giorni trascorsi in quel contesto furono abbastanza per decretare lo stato di crisi tra i genitori.

La moglie del dottore decise di investigare iniziando a controllare le giacche del marito e la valigetta porta documenti. Sempre più spesso trovava degli strani biglietti rettangolari, totalmente bianchi con su stampati codici a barre, importi in euro, e quella sorprendente intestazione "Sala slot Lucky treasor". Dapprima la donna non diede molto peso agli indizi trovati, pensando che quella sala scommesse fosse solo il tipico posto ove poter scommettere sulle squadre di calcio o sulle corse dei cavalli, un vizio molto comune tra gli uomini. S'immaginava una questione da pochi minuti alla settimana e pochi euro di spesa, certamente non un posto dove il marito potesse trascorrere ore e ore.

La frequenza nei ritrovamenti e quegli strani importi in euro stampati sui dannati ticket aumentarono i sospetti, molto spesso le cifre lì impresse erano di pochi centesimi (ovviamente erano i centesimi di Euro residui dopo le sedute in cui il dottore perdeva), ma talvolta di qualche centinaia di euro, seppur raramente. L'orario stampato su quelle ricevute inoltre era sempre compreso tra il tardo pomeriggio e la mezzanotte.

Nel frattempo, il dottor Farnesi viveva in quel suo mondo artificiale, cupo, pieno di pensieri angoscianti e ripetitivi, la depressione stava avanzando ma ormai non poteva più uscire dalla sua relazione con le slot machines.

Tutto era iniziato con sensazioni così gradevoli e appaganti, quel rifugio rilassante dove tentare la fortuna con l'adrenalina che saliva alle stelle quando una slot machine pagava bene, e poi l'emozione di provare a reinvestire le vincite in nuove slot. Ma dopo 3 mesi di gioco erano diventate troppe le sere di forte delusione dove in tre o quattro ore il dottore si era bruciato più di 500 €.

All'inizio gli era parso di essere divenuto un esperto conoscitore dei cicli di vincita delle macchinette e di aver acquisito pure doti di veggenza visto che spesso riusciva a scegliere i momenti migliori per tentare la fortuna, con ottime vincite consecutive. Nei primi tempi come giocatore era risultato pure molto bravo nel self control e riuscendo a smettere quando voleva. Ma ora si erano accumulati ben 3 mesi ove le perdite superavano di gran lunga le vincite, inoltre anche quando vinceva era diventato davvero difficile fermarsi, la tendenza era quella di rischiare sempre più per poter coprire le perdite pregresse. Così il dottor Farnesi iniziò a sentirsi veramente un fallito, ora era apatico, alienato, sconfortato e sconfitto interiormente.

La merda che ogni giocatore pesante prima o poi si trova ad ingerire, era stata servita anche a lui sul piatto della dipendenza. Si sentiva sempre più un perdente il dottore, sia come cittadino nei confronti della società, sia come padre nei confronti della sua famiglia.

Forse sarebbe stato meglio se si fosse preso una cotta per un'altra donna così magari avrebbe potuto dire la verità alla moglie e, seppur in modo drammatico, tentare di iniziare una nuova vita senza distruggere dei capitali.
Perché effettivamente la causa del suo isolamento era la

volontà di isolarsi dalla moglie che Farnesi proprio non sopportava più dal punto di vista epidermico.

Ma il caro dottore non aveva alcuna relazione con altre donne così la sua infelicità sentimentale lo aveva portato a rifugiarsi nel gioco senza che nessuno lo sapesse, in quella sala slot poteva trovare libertà, protezione e quella bella scarica di adrenalina da rischio che ormai mancava nella sua quotidianità.

Nei primi tempi di gioco come dicevamo il dottore non dava peso alle uscite finanziarie che il gioco d'azzardo comportava, infatti pur essendo in passivo di qualche centinaia di euro era ben coperto dall'ottimo stipendio da primario e dagli ingenti risparmi.

Le puntate erano minime le prime settimane, un passatempo dove puntando cinquanta centesimi alla volta si poteva trascorrere anche più di tre o quattro ore con 100 o 200 €. E che emozione quando dai cinquanta o cento euro iniziali riusciva a portare via tre, quattro o cinque volte tanto. Ma come detto sopra il vento era cambiato e l'auto controllo stava vacillando. Era il quarto mese di gioco e in un paio di settimane aveva già bruciato ben 3000 €, ma il miracolo era in arrivo, finalmente la fortuna tornò a bussare alla porta del Farnesi regalandogli un grande colpo!

Una fortunata sera di fine autunno il dottore vinse un jackpot piuttosto consistente in una delle "sue" slot preferite che gli frutto 2850 € in un sol colpo. Egli ricevette i complimenti di tutti suoi compagni di sventura, ovvero gli abitudinari giocatori della sala slot dove oramai il dottore era dai più conosciuto. Molti pensionati, imprenditori di mezza età in fuga dallo stress d'impresa, donne sole, talvolta qualche ragazzino di passaggio con i soldi della merenda da investire, o extracomunitari in cerca della tanto agognata fortuna, tutti dentro a turno nel mondo di quella speranza dominata da puri cicli statistici.

La slot pagherà o non pagherà? Ma a chi interessa degli altri? Era la serata di Farnesi.

Il dottore offrì da bere ad un paio di giocatori con i quali aveva legato nel tempo e si godette quell'incredibile scarica di adrenalina, sudore freddo, le mani tremanti dall'emozione mentre gli occhi ipnotizzati dei "compagni di viaggio" fissavano il magnifico punto disegnatosi sullo schermo della sua slot machine.

Che sensazioni meravigliose! Come il correre alla cassa e cambiare quel biglietto con su scritto 2850 €, mai capitata una vincita del genere prima di quella sera.

Il portafogli era pieno e dopo aver giocato altre 50 € sulla stessa slot machines, per verificare se non dovesse pagare qualche altra vincita (tipica consuetudine dei giocatori d'azzardo più sensibili), il Farnesi se ne tornò a casa pienamente soddisfatto.

Calcolando un consuntivo forfettario in totali quattro mesi di attività ludica alle slot machines il dottore era in passivo di circa 6000 €. Ma una serata in positivo era già una bella elemosina della fortuna per cercare di tener su il morale, del resto aveva perso 3000 € solo nelle tre settimane precedenti.

A volte sembra proprio che sia la vita a gestire noi, anche se ci si auspica che sia sempre il contrario, eppure quanti gli avvenimenti che succedono senza chiederci il permesso, e avvengono con un sincronismo così perfetto e quindi spaventoso.

E quella notte rincasando dopo la mezza il dottore si trovò la moglie ad aspettarlo alzata, pronta a fare la guerra fino al momento in cui non avesse scoperto cosa ci fosse dietro a tutte quelle assenze. Lei era in cucina seduta a tavola con una camomilla e lui non poté evitare di transitare davanti al lei nel tentativo di raggiungere la camera da letto, così le domande della donna partirono immediate senza alcun convenevole di benvenuto.

Chiese al marito se avesse dei problemi col gioco d'azzardo, se era il caso che alla sua età si comportasse come un ragazzino distruggendo la sua vita e i suoi risparmi nel gioco, se gli fosse rimasto ancora un briciolo d'amore per lei e per le sue figlie, per la famiglia intera, intesa come unione ed istituzione. Lui cercò di negare in un primo momento ma quando la moglie gli sventolò in faccia un ticket da pochi centesimi che gli aveva sottratto dalla tasca della giacca, lui raggelò e tacque per qualche secondo.

Così lei si sentì forte e nella piena ragione iniziò a denunciare al marito tutte le mancanze che lei e le figlie percepivano; la follia stava anche nel fatto che un rispettabilissimo dottore primario come lui avesse scelto di buttarsi nel gioco d'azzardo.

E infierì, scagliando sulla tavola un accendino come simbolo di miseria per il fatto che egli avesse persino iniziato a fumare.

Lui sentendosi attaccato le rinfacciò che non c'era più alcun sentimento tra loro e che lei aveva partecipato al declino del loro matrimonio con il suo dar tutto per scontato, oltre a tutte le cose che in quanto donna avrebbe dovuto curare per mantenersi attraente ai suoi occhi. E ancora disse lei che non c'era alcuna donna, non c'era nessuna persona come causa del loro allontanamento, era bastato solo il gioco per farlo sentire meglio, in solitudine e in pace.

Una conversazione al vetriolo che sancì la rottura definitiva tra loro. Lei alzò la testa e lo guardò per la prima volta fisso negli occhi, perché non era riuscita ancora a farlo dall'inizio della conversazione fino a quel preciso momento.

Lui ancora in piedi con la giacca addosso smise di parlare e ricambiò con un altrettanto esasperato sguardo.

E così la moglie fece una sola e limpida domanda secca con voce tremante:

"Ora devi scegliere! Forza! devi scegliere tra me e il gioco! Allora chi preferisci? Me o il gioco?".

Il dottore resto impassibile e rispose cinicamente:

"Scelgo il gioco! Senza dubbio!   ".

Preso da un misto di adrenalina ed euforia perversa (emozioni molto simili a quelle che provava dopo una grande vincita alle slot), il dottor Farnesi tornò alla porta di casa, uscì e si mise alla guida per raggiungere un qualsiasi hotel della città, ove trascorse la sua prima notte da giocatore d'azzardo single. Niente indumenti da cambiare, niente valigetta di lavoro, solo nella notte della distruzione coniugale.

Provava un misto di grave vergogna e adolescenziale felicità, da un lato aveva appena distrutto il suo matrimonio e la coesione familiare, dall'altro aveva la piena e totale libertà senza dover più recitare e nascondere ciò che lui era davvero, almeno in quella fase di vita.

La moglie disperata da quell'umiliazione così grande non sapeva se fosse stato meglio scoprire il marito come giocatore d'azzardo, oppure scoprirlo a letto con un'amante. Fatto sta che lo aveva perso e percepiva perfettamente che sarebbe stato per sempre al di là della causa scatenante. Chiamò la sorella spiegandole l'accaduto tra una crisi di pianto e l'altra, poi cerco di dormire distrutta dal dolore e dalla quantità di lacrime versate. Da quel momento non rivide il marito per un lungo tempo.

Il dottore aveva sganciato la bomba, era solo, pronto per una nuova vita dove la libertà ritrovata lo spingeva ad essere positivo e innovativo guardando al futuro.

Non sapeva purtroppo che la sfida più grande della sua vita in realtà era appena iniziata, ovvero quella della dipendenza dal gioco d'azzardo.

Vi ricordate dove eravamo rimasti? La notte del botto con la moglie era pure quella della grande vincita di quasi 3000 € in contanti, be' quei soldi furono dilapidati dal dottore in soli 2 giorni.

Preso dall'euforia della ritrovata libertà il dottore si scatenò come un cavallo pazzo sul gioco d'azzardo, con sessioni anche di 4-5 ore di fila e puntate per ogni singola giocata che variavano tra 1,50 e 2,50 €. Era convinto che puntando forte avrebbe ben presto ottenuto enormi vincite, visto che prima o poi le macchinette ove stava investendo quelle grandi cifre, avrebbero dovuto pagare. Ma sfortunatamente il dottore insistette nelle sue operazioni di gioco anche in due serate totalmente negative che inaugurarono i due mesi più drammatici della sua vita.

Non era bastata la separazione dalla moglie e la ritrovata libertà a renderlo veramente un uomo libero e felice.
Ma il dramma finanziario che stava per investire il dottore fu il pegno da pagare per ritrovare sé stesso dopo una così grande crisi personale   .
Era troppo tardi, non si era confidato con amici, non lo aveva fatto ovviamente con la moglie, ma nemmeno con il fratello o con le adorate figlie. Molte di queste persone avrebbero capito, l'avrebbero aiutato.

Il dottore, sulla follia di quel nuovo metodo di gioco tanto aggressivo (con puntate come detto anche superiori ai 2 €

per singolo giro di slot), prosciugò il suo conto in banca in un paio di mesi, questa volta le mani non gli tremavano per l'adrenalina scaricata grazie alla vittoria, ma per la disperazione di aver bruciato più di 60 mila € in poche settimane.

Rovinato dal gioco compulsivo si affidò ad un collega psichiatra della stessa struttura ospedaliera per la quale lavorava, che da amico oltre che professionista, lo aiuto a riprendere in mano la propria vita.
Da uomo distrutto dal gioco ad un nuovo uomo che sapeva ancora eccellere nel lavoro che svolgeva con amore, un uomo che di lì a breve avrebbe pure trovato un altro amore per la vita. Martina, una donna dal fisico davvero in forma conosciuta in palestra, quell'ambiente che lo aveva aiutato nell'opera di redenzione dalla malattia del gioco compulsivo.

Chi è giocatore d'azzardo pesante conosce benissimo lo stress, la paura, la miseria, l'apatia e la depressione che si provano nei lunghi e difficili tentativi di disintossicazione. Non sono qui per terrorizzare cinicamente i lettori che sanno benissimo quanto sia dura vincere la battaglia con una dipendenza, ma non sarebbe nemmeno male mandare un avvertimento a coloro che iniziano a sentirsi attratti un po' troppo assiduamente dal rischio, quello descritto in questo libro riguardante il gioco d'azzardo come il rischio in ogni altra sua forma.

Concludo la storia del Dottor Farnesi ribadendo che le persone che possono ascoltarvi ed aiutarvi nella sfida contro la dipendenza dal gioco d'azzardo sono già intorno a voi.

Sono quelle che esaltano le vostre migliori doti, che vi sorridono con una sincerità facilmente percepibile e che vi amano per quello che siete malgrado voi possiate commettere degli errori.

Sono i vostri figli, i vostri migliori amici, i vostri genitori o i vostri colleghi di lavoro. Possono essere identificabili in chiunque voi sentiate connesso in modo particolare: coloro che sanno ascoltare, coloro che sanno sdrammatizzare anche quando altri vedrebbero tutto nero, tutte le persone che hanno la capacità di porsi nei vostri panni e poi prendervi per mano e accompagnarvi fuori dal tunnel con piena fiducia.

- 4 -

GIACOMO IL RAGAZZINO BULLIZZATO

Povera società moderna con tutti questi problemi psicologici, problemi di comunicazione, di rispetto verso il prossimo e quello che fa più male è che a farne le spese sono soprattutto adolescenti e giovani. In gioventù la sensibilità è estrema e si dovrebbe solo vivere spensierati in armonia con gli altri, condividendo esperienze positive e mai traumatiche. Oggi la competizione ed il dover apparire a tutti i costi pongono i giovani sotto nuove forme di stress, depressione ed apatia, molti ragazzi non trovano le motivazioni e gli incentivi per mostrare il proprio talento.

A questa situazione di equilibrio psicologico precario si aggiungono altri pericolosi fattori, come la mancanza di regole e di un'educazione di base volta al rispetto delle altre persone. Così la prevaricazione da parte dei ragazzi più aggressivi e maleducati su quelli più deboli e rispettosi va oggi molto "di moda".
La responsabilità per questa situazione sociale è attribuibile anche a quei genitori che non hanno più la capacità di "dire di no", l'insegnamento all'umiltà. Sarebbe necessario che i

ragazzini imparino a metabolizzare rinunce e sconfitte come fatti che capitano durante il percorso della vita.

Anche la mia generazione che è quella dei nati durante i primi anni Ottanta, può ricordare atti di bullismo e di prevaricazione impressa da parte di quei teenagers dal carattere più "forte" (e senza un'educazione familiare di qualità alle spalle), verso le personalità più miti e remissive. Si sono sempre verificate situazioni di scherno e umiliazione da parte di alcuni verso altri, minacce, estorsioni, insulti pesanti se non addirittura violenza fisica anche grave. Io questo lo ricordo molto bene, non si tratta di fantascienza ma di questioni che accadevano all'intero degli ambienti scolastici come al di fuori già negli anni Novanta. Comunque, non siamo qui per trattare l'evoluzione del bullismo nel corso degli ultimi decenni, argomento tanto importante quanto impossibile da sviscerare tutto d'un fiato in questa sede, servirebbe proprio un libro intero solo per affrontare la piaga del bullismo e la sua evoluzione con l'avvento dei social network.

Ora vi racconto la storia di Giacomo, un ragazzino di quindici anni frequentante l'istituto classico di Roma, appassionato d'arte e letteratura, con un bel sorriso sempre stampato in volto. I genitori, provenienti da famiglie del ceto medio, instancabili lavoratori, commerciante la madre e impiegato bancario il padre. Giacomo un figlio unico rispettoso delle regole e senza alcun vizio o egocentrismo da sfoggiare, semplicemente il tipico bravo ragazzo.

Per recarsi a scuola percorreva ogni giorno la stessa strada in sella al suo motorino, preparandosi ad affrontare la mattinata con la solita sosta al grande bar vicino al polo studi. Un bar utilizzato come punto di ritrovo da molti studenti di varia estrazione sociale e aderenti a diversi indirizzi di studio. Il tipico bar leader nella preparazione di ricche colazioni per tutti i palati, con una grande quantità di pizze, focacce, spianate, brioches, tramezzini e panini farciti, prodotti dei quali gli studenti non possono proprio fare a meno.

Da una porta che dava sul retro il bar continuava ad estendersi con due grandi saloni. Il primo adibito al gioco delle carte, del biliardo e alla visione delle partite di calcio, l'altro ospitava più di venti slot machines ed una cassa a sé stante utile al cambio dei soldi ed alla riscossione delle vincite. La stessa cassa era inoltre attrezzata ad uso bar per la somministrazione di bevande esclusivamente ai giocatori lì ospitati. L'accesso alla sala slot machine era, teoricamente, vietata ai minori, ma gli addetti ai lavori chiudevano un occhio nella maggior parte dei casi. Il profitto prima di tutto!

Giacomo era un ragazzo intelligente e diffidava di ogni estraneo che volesse approfittarsi della sua bontà ed integrità d'animo, purtroppo però il suo buon rendimento scolastico e la sua umiltà estetica l'avevano posto sotto l'attacco di tre compagni di classe dalle vite piuttosto sbandate e dal conseguente rendimento scolastico pessimo.

Tutto era iniziato durante il primo anno di liceo e quella persecuzione si sarebbe poi protratta fino a buona parte del secondo anno di frequentazione.
Quasi quotidianamente i tre bulli scatenavano la loro invidia e il loro cinismo sul buon Giacomo che stava reggendo quella pesante ed umiliante situazione con una grande forza d'animo. Testa di cazzo, faccia da culo, checca di merda, sfigato cesso e secchione bastardo, erano solo alcuni degli appellativi a lui destinati.

Vi prego di scusarmi per la scurrilità.

Ogni mattina prima, durante e dopo le lezioni, Giacomo doveva sentirsi urlare o sussurrare tali infamie, talvolta doveva leggerle sui suoi libri o su fogli di carta accuratamente appiccicati sulla sua schiena.
Un'altra pratica adorata dai bulli era quella di creare piccole palline di carta impregnate di saliva per poi scagliarle verso i sottomessi compagni. Per il lancio utilizzavano penne da scrivere BIC, infatti una volta tolto il contenuto all'interno della penna, diventavano tubicini dalle doti balistiche stupefacenti. Il dramma aumentava durante le partite di calcetto svolte nelle ore di educazione fisica, quando il povero ragazzo veniva bullizzato a suon di calci, spinte e pallonate scaricate sul suo corpo con violenza inaudita. I bulli non avevano l'obiettivo di segnare dei goal, ma solo

di scaricare con forza il pallone sul corpo dei ragazzini bullizzati. Parte della classe provava timidamente a difendersi ed a difendere Giacomo che era preso di mira pressoché quotidianamente, ma l'arroganza ed il terrore finivano per scatenarsi anche su coloro i quali provassero ad opporsi alla supremazia dei bulli.

I genitori di giacomo insieme a quelli di altri studenti più deboli avevano già denunciato la situazione durante l'anno scolastico precedente, tuttavia il preside ed i professori non poterono far molto di più che ammonire i 3 ragazzini insolenti e le rispettive famiglie. Paradossalmente la situazione era peggiorata visto che l'intervento di genitori, professori e preside avevano scatenato ulteriore odio, minacce e soprusi nei confronti degli oppressi.
La pratica della tipica omertà in stile mafia.

Era precisamente dalla metà del primo anno di liceo che Giacomo sopportava quella pesante situazione, la pausa estiva tra il primo e secondo anno era servita a fargli dimenticare parte dei torti e delle angherie subite, ma l'inizio di un nuovo anno scolastico era alle porte.
Il secondo anno era cominciato con lo stesso scenario da incubo, anche perché i tre bulli erano stati promossi per il rotto della cuffia e sedevano ancora una volta nella stessa aula di Giacomo. Era dura reagire alle tante violenze psico-fisiche ed il suo smagliante sorriso si era ormai trasformato in una timida maschera di copertura.
Giacomo si stava spegnendo dentro giorno dopo giorno,

svuotato dalla tanta violenza e dalla troppa ingiustizia che si accanivano senza motivo su di lui.

Si chiedeva ogni giorno perché la vita gli stesse riservando un trattamento così duro, dove avesse sbagliato e come ne potesse uscire. Verso metà del secondo anno il suo rendimento scolastico era peggiorato sensibilmente ed il ragazzo aveva iniziato ad inanellare diverse assenze, talvolta per malattia con l'approvazione dei genitori e talvolta di sua stessa volontà falsificando le giustificazioni, dunque senza alcun permesso reale. Credo proprio che voi cari lettori possiate intuire dove Giacomo si fermasse a spendere le mattinate in solitudine, ovviamente al bar prima descritto, più precisamente vi confermo che il giovane era diventato un accanito frequentatore della sala slot sul retro.

La paura e la nausea che lo coglievano ogni mattina al sol pensiero di doversi recare a scuola, lo portavano a rifugiarsi in quella sala slot machines dove poteva trascorrere in pace un po' di tempo, almeno fino all'ora di pranzo quando poteva rincasare.
In poche settimane Giacomo aveva bruciato circa 2800 € che erano i risparmi accumulati in anni, tra lavoretti saltuari, regali da parte dei parenti o dei genitori stessi.
Erano tutti i soldi liquidi che con sacrificio e costanza aveva accantonato per coronare il suo sogno di un primo viaggio transatlantico negli Stati Uniti d'America. Da un sogno ad un incubo dove il suo tesoretto veniva bruciato mattina

dopo mattina per via di quella dannata dipendenza da gioco che aveva cronicizzato in tempi record, una dipendenza che era anche l'unica via di fuga dalla depressione che lo stava mangiando dentro.

I genitori di Giacomo iniziarono ad insospettirsi e ad appurare la sua grave fragilità psicologica solo nel momento in cui i professori rivelarono il suo scandaloso rendimento scolastico dopo il primo semestre, era già febbraio e purtroppo non s'erano accorti di nulla prima. Il malessere del caro figlio era nascosto dietro il suo ermetismo, dietro la sua resa, dietro la paura di denunciare ancora, denuncia che gli sarebbe potuta costare un ulteriore accanimento da parte dei bulli.

Giacomo aveva provato a reagire nei primi due mesi del secondo anno di frequentazione, infatti pur saltando qualche lezione si recava con decente costanza alle lezioni sopportando le soverchierie dei soliti. I bulli purtroppo, notando che le assenze di Giacomo aumentavano di settimana in settimana a causa delle loro pressioni, avevano continuato nelle loro pratiche distruttive costringendolo ad assentarsi ulteriormente. E così stavano andando in fumo settimane di apprendimento e centinaia di euro, inoltre parlando di fumo dobbiamo aggiungere il fatto che Giacomo aveva iniziato a fumare per ammazzare il tempo e lo stress durante le sue lunghe sessioni di gioco mattutine, con ulteriore spesa sia in termini di salute sia in termini economici.

Paradossalmente il fumo divenne un fattore salvifico visto che tale odore sugli indumenti del figlio iniziò ad insospettire la madre, sospetto che si aggiungeva alle scioccanti e allarmanti rivelazioni da parte dei professori che le notificarono il tracollo del rendimento scolastico del figlio.

E così per i genitori di Giacomo fu semplice capire che il figlio modello stesse attraversando un momento drammatico della sua vita che lo avrebbe potuto portare a conseguenze gravi e irreparabili. Il rendimento pessimo e le assenze così frequenti, tutte realtà a loro sconosciute fino a quel momento (oltre al fatto che il figlio avesse iniziato a fumare), erano prove sufficienti per spingerli ad aprire con urgenza un dialogo a tutto campo.

Era una sera di fine febbraio quando i genitori di Giacomo iniziarono a sottoporgli domande dirette sul suo rendimento scolastico, sulle assenze che stava facendo e sul perché avesse iniziato a fumare. In quell'occasione non potevano essere accomodanti, non potevano fare domande di sola circostanza, in quel momento i due bravi genitori volevano far confidare il figlio senza possibilità di fuga, anche se quelle domande così dirette avrebbero potuto provocare in lui ulteriore dolore e umiliazione.

Giacomo preso in scacco dalle tre domande secche poste dalla madre sotto lo sguardo altrettanto inquisitorio del padre, abbassò la testa fissando il centro della tavola, poi alzò di nuovo gli occhi lucidi verso i genitori ed iniziò a piangere.

Così partì il suo monologo della disperazione.

Un fiume in piena che travolse i genitori, una cascata di racconti dolorosi sull'ultimo anno trascorso sotto le umiliazioni psico-fisiche da parte dei tre bulli compagni di classe, le sue fughe al bar, le mattinate a giocare alle slot machines, il vizio del fumo incominciato in quel contesto lugubre e solitario.
La madre lo seguì in un pianto, non tanto liberatorio com'era quello di Giacomo, quanto dettato dal dolore e dal dispiacere per la sofferenza del figlio.

Il padre ascoltò ogni dettaglio del racconto credendolo su ogni singola parola, del resto era pur sempre "il suo Giacomo" lo studente modello e integro, prima che la sua personalità fosse deturpata da quei teppisti.
Si alzò dalla sedia e andò ad abbracciarlo mentre la madre ancora in lacrime teneva entrambe le mani del figlio che grondava dagli occhi singhiozzando. Ma ora Giacomo si sentiva finalmente libero e leggero, protetto dall'amore dei genitori che l'avevano sbloccato.
Ora era il momento che quelle persone adulte quali erano i genitori, i professori ed il preside chiarissero ogni dettaglio su quelle terribili questioni passate e presenti, reiterate nel tempo, era giunta l'ora di risolvere la situazione una volta per tutte, senza sconti ne paure.

La rabbia del padre si percepiva tutta in quella cucina mentre scandiva con tono potente tutte le azioni che avrebbe intrapreso all'indomani.

Ecco come si evolvette la situazione nei giorni successivi: i tre bulli furono chiamati ad ammettere i soprusi e le violenze reiterate sul povero Giacomo che si trovò vittima 2 volte, dei suoi aguzzini prima e di sé stesso poi (nel momento in cui si abbandonò al vortice torbido del gioco d'azzardo). Ora era tempo di ricostruire per tutti.

I bulli svergognati davanti ai rispettivi genitori dovettero pagare con la perdita dell'anno e la sospensione fino all'anno successivo. Le chat sui vari social network che Giacomo custodiva erano una prova terribile di tutto ciò che aveva dovuto sopportare, prova che dunque finì per punire severamente quei tre ragazzi che agivano strettamente in gruppo con azioni di bullismo corali.

Così vennero fuori ulteriori storie di bullismo che i tre teppisti praticavano in parallelo su altri ragazzi vittime del sistema, erano tante le prove a loro carico per via dello spregiudicato uso di chat e simili.

Giacomo era forte, aveva solo dovuto sopportare una pesante prova che forse la vita gli aveva sottoposto nel tentativo di farlo crescere, probabilmente con quell'accaduto si era forgiato, era stato un pegno da pagare per sviluppare ulteriormente la sua sensibilità, ora era pronto per diventare l'uomo di arte, comunicazione e positività di cui il mondo aveva bisogno.

E Giacomo si riprese la vita in mano, il gioco d'azzardo dannato come volàno per la resurrezione e la vittoria.

Dietro a un giocatore d'azzardo c'è spesso un vincitore nella vita che ha solo deciso di mollare per un attimo, un'anima sensibile e speciale che ha dovuto subire e conoscere i fantasmi potenzialmente celati nel suo "Io" più profondo, per poi analizzare il vero senso della vita. Nel disprezzo dei soldi, nel piacere del rischio e poi nella perdita reiterata, molti giocatori capiscono che l'amore e la natura sono i veri miracoli della vita, il tutto connesso con l'amore universale. Potete vedere la fede e le religioni come volete cari amici lettori, ma ogni Dio che voi possiate adorare deve risiedere nell'amore, ed è sufficiente per spargere il verbo di questo Dio che ci vuole felici, realizzati e sani.

Confidatevi oggi se siete giocatori d'azzardo persi, parlatene oggi, il vostro nuovo "io" è pronto a sorprendervi. Non avete più nulla da perdere no? Avete bruciato molto o tutto? È fatta è passato! State percependo un qualche disagio in aumento per via delle perdite da scommesse, trading o qualsiasi forma di gambling più in generale? Be' siete ancora in tempo per fare dietro front.

5

AREUM LEE L'IMPRENDITRICE COREANA

Tra la Corea e Macau, tra Macau e Danang (città vietnamita sul mare, ospitante alcuni casinò), questi erano gli spostamenti che Areum era solita fare nei suoi ultimi 3 anni. Alcuni nuovi business che svolgeva per i casino di Macau le avevano gradualmente cambiato la vita, in Corea era una manager di successo nei campi della ristorazione e della cosmesi.

Il suo nuovo secondo lavoro consisteva nel fornire denaro contante per i giocatori asiatici che assalivano in massa la città fotocopia di Las Vegas, parliamo appunto di Macau. Più precisamente i limiti sul contante trasportabile sui voli internazionali, alcune leggi finanziarie stringenti e ancora i limiti sulle carte di credito, facevano si che servissero intermediari al bisogno per lo scambio di grandi somme in valuta locale. Areum svolgeva questo lavoro di transazione ai limiti della legalità, perché era di questo che i giocatori più accaniti necessitavano per puntare alte cifre nei casino della città, cioè di transazioni definibili "particolari".

La signorina Lee aveva iniziato a lavorare per alcuni dei casino più importanti di Macau all'interno dei quali incontrava i giocatori interessati all'ottenimento di danaro contante, previo pagamento di alcune commissioni stabilite dai gestori dei casino stessi. Lei riceveva una parcella percentuale oltre ad alcuni importanti benefits qualora giocasse una certa quantità di denaro negli stessi circuiti dei casino stessi. Ad esempio, poteva pernottare in pensione completa per intere settimane all'interno dei lussuosi hotels a cinque stelle affiliati (stesso concept utilizzato a Las Vegas).

Ecco le regole che questi affari sottobanco stretti tra la Lee ed i direttori dei Casino nascondevano e che non erano affatto trascurabili visto che come sempre risultavano a vantaggio del banco. Specificamente per garantirsi il soggiorno gratuito ed i benefits connessi di cui ho parlato sopra, Aurem Lee doveva effettuare ogni settimana un minimo di puntate così da maturare i punti bonus necessari a coprire tali vantaggi. Il tutto era tracciato su una comune carta magnetica in stile bancomat dove venivano accreditati i punti gioco.

Quindi oltre al lavoro che svolgeva come intermediaria per il cambio di denaro cash tra casino e clienti, la nostra amica coreana era incentivata a giocare d'azzardo per conto proprio e con rischio a proprio carico.

Sinceramente non è chiaro se fosse costretta ad aderire a questa sorta di doppio lavoro, del quale la seconda parte totalmente a suo rischio e pericolo, oppure se fosse lei ad aver così impostato la vita a Macau.

Evidentemente avrebbe potuto decidere di vivere in un qualche appartamento dal prezzo modico e svolgere solo l'attività richiesta dal Casino in principio, senza rischiare i propri soldi nel gioco d'azzardo. Ma a lei piaceva giocare quindi probabilmente tentava di unire l'utile al dilettevole usufruendo del soggiorno omaggio presso quegli hotels di alta classe, e così praticando il gioco d'azzardo sperava di poter ottenere ulteriori profitti.

La temeraria signorina Lee durante la giornata si rilassava facendo dello shopping o prendendosi cura del proprio corpo, in attesa di una chiamata da parte di clienti affezionati o di nuovi (chiamata che poteva arrivare in ogni istante). La sera e la notte erano riservate per qualche drink nei cocktail bar più prestigiosi e ovviamente per il gioco d'azzardo.

Lei era appassionata di Baccarat ed incredibilmente riusciva a vincere importanti somme grazie alla sua esperienza, al suo istinto, alla statistica ben analizzata e sicuramente anche grazie alla fortuna che spesso sedeva dalla sua parte. Questo avvenne durante i primi tempi ma ovviamente non sarebbe potuto durare per sempre.

Areum Lee preferiva giocare nel casino del complesso City of Dreams, al Venetian o ancora al Galaxy dei quali aveva le fidelity cards che le permettevano di accumulare i rispettivi punti premio. Dunque, saltando da un casino all'altro si garantiva interi mesi di soggiorno gratuito grazie alla pratica del suo secondo mestiere, con un buon contributo anche da parte del suo terzo mestiere, il gioco.

Dopo qualche settimana a Macau generalmente tornava in Corea per passare del tempo con la madre, con gli amici e dare un'occhiata agli altri business che gestiva per lo più a distanza. Preferibilmente evitava di tornare in patria nei mesi invernali poiché aveva un difficile rapporto con il clima rigido che spesso le causava malattie influenzali. Un'alternativa valida sia a Macau sia alla Corea era la città di Danang in Vietnam, una soleggiata località marittima dove il costo della vita era particolarmente basso malgrado la qualità della vita stessa fosse ottima, con tanto di mare e spiagge dallo stile semi tropicale. Danang era un bel posto dove poter staccare e riflettere, anche perché dopo un lungo periodo di successi il vento della fortuna poteva cessare bruscamente, lì perlomeno risparmiava sui costi vivi con l'ulteriore vantaggio del basso limite di puntata dei casino. Un limite di giocata più basso significava meno stress e pressione durante il gambling, specie se paragonato alle elevate aspettative che premevano sulle performance di Macau.

Dopo un paio d'anni di questa vita felice e sfarzosa seppur tra alti e bassi, tra giocate al casino e business connessi, sola o in compagnia di amiche o partner maschili, Areum stava per imbattersi in una violenta tempesta. Come accade alla maggior parte dei giocatori pesanti e cronici spesso le battute d'arresto più dolorose e le perdite economiche più rovinose arrivano all'improvviso.

C'è il periodo in cui il giocatore d'azzardo è in luna di miele, abile controllore delle sue puntate, meticoloso gestore del suo patrimonio finanziario e spesso fortunatissimo vincitore seriale.

Poi qualcosa s'inceppa, questo accade quando le prime vincite di un certo rilievo fanno abbassare la guardia al giocatore stesso che si comincia a credere onnipotente. Il giocatore sicuro e troppo confidente in sé stesso si sentirà in diritto di aumentare la posta in gioco per ottenere ulteriore gratificazione ed esponenziali guadagni.
Un processo che cambia simultaneamente sia a livello chimico cerebrale (endorfine e chimica collegata al piacere ed al successo) sia a livello economico (somme investite via via più ingenti).

Ed ecco che si è giunti in un solo mese, o in una sola settimana, o in una sola giornata o persino in una sola notte alla disfatta totale. Rischiando sempre di più, puntando sempre più in alto, le perdite crescono e così l'auto controllo si deteriora fino a far perdere il contatto con la realtà.
A quel punto il cervello manda impulsi di rivalsa sempre più intensi, l'esigenza di recuperare tutte le perdite in un sol colpo per lavare via la paura e l'angoscia, spingono il

giocatore a raddoppiare, quadruplicare o decuplicare le puntate fino a casi estremi dove il giocatore disperato arriverà a giocarsi tutto quello che gli è rimasto.

Questo è l'ultimo atto, resterà in mutande, disperato e umiliato. I giocatori più fortunati lasceranno in salvo almeno i risparmi blindati in qualche investimento non immediatamente fruibile via conto corrente o tramite carta di credito, altri piangeranno disperati per aver bruciato tutto il denaro liquido che possedevano.

Tornando alla nostra avventuriera coreana, stava per affrontare una gradazione di questa disperazione appena descritta, non si rendeva ancora conto che una notte maledetta era pronta a rubarle mesi e mesi di profitti, oltre a tutto quel tempo bruciato rimbalzando da un casino all'altro perseguendo il mero profitto.

Una notte pronta a rubarle le sue sicurezze, la sua stima e la sua amata reputazione. Per quanto potesse valere avere una buona reputazione nell'abito dei casino di Macau, sicuramente per lei valeva ed era importante mantenerla.

Erano i primi giorni di marzo 2018 e Aurem Lee provava una inaspettata malinconia accompagnata da inquietudine, eppure nelle settimane precedenti era stata particolarmente felice perché aveva conosciuto un ragazzo.

Lui sorridente e positivo, spirituale ma nello stesso tempo di mente molto aperta, aveva viaggiato in tantissimi paesi, specie dell'Asia. Si erano conosciuti grazie all'app di incontri "Tinder" e così avevano speso qualche giorno romantico insieme. Lei percepiva che quell'incontro non era per caso, lui era un tipo molto diverso da quelli incontrati in precedenza, aveva la capacità di leggerle dentro.

La Lee gli aveva già confidato cosa facesse nella vita e il suo nuovo ragazzo aveva già capito che quella vita fatta di business, casino, soldi e tanto di fittizio intorno a lei, la tenevano ben lontana dalla felicità semplice.

Ma lui aveva inoltre capito che lei era una persona troppo chiusa, orgogliosa e nazionalista (caratteristica diffusa nei coreani) per lasciarsi salvare, per provare insieme un percorso di uscita da quel vizio del gioco che si era trasformato in sfida e dipendenza.

Ho scritto "percorso di uscita insieme" perché quel ragazzo europeo conosceva altrettanto bene il mondo del rischio essendo un trader finanziario part time ed un giocatore d'azzardo per hobby.

Ma lui poteva comprendere a fondo le insidie della dipendenza dal gioco, lui conosceva inoltre le trappole che attendono ogni persona amante del rischio in seguito ai fortunati (ma temporanei) periodi vittoriosi.

Aveva visto l'entusiasmo negli occhi e nelle parole del suo nuovo amore coreano, perché lei insisteva sul fatto che avrebbe potuto vivere facendo soldi con il gioco d'azzardo, perché con la calma e la costanza lei era convinta di poter dominare il gioco del baccarat. Lui aveva visto pure la freddezza, l'apatia e la paura che avvolgevano l'anima di Areum quando veniva da una nottata di sconfitte e perdite sul panno verde coadiuvate dallo stato d'ebrezza degli alcoolici ingeriti.

Si erano innamorati condividendo le loro debolezze, ma non era detto che quell'amore potesse durare a lungo. Poteva essere il tipico bisogno reciproco di trovare risposte, di guardarsi dentro l'un l'altra e di accusarsi a vicenda, di salire sull'olimpo dell'amore per poi cadere giù rapidamente una volta giunti alla resa dei conti con i personali fantasmi interiori. Perché c'era forse troppo orgoglio in mezzo a loro.

Per la signorina Lee era il tempo della resa dei conti con sé stessa, mentre il suo ragazzo poteva solo farle capire come la tristezza, l'isolamento e quindi la sua rigidità nel negare quei problemi di dipendenza dal gioco, avrebbero neutralizzato ogni sentimento tra loro oltre a rovinarle più in generale la vita.

Dal punto di vista sentimentale lui era un soggetto piuttosto scaltro, poteva bastargli un istante per innamorarsi, esplodendo tutta la sua tipica passione mediterranea, ma così come s'innamorava rapidamente, rapidamente chiudeva le relazioni. Perché lui era un uomo di mondo, un viaggiatore che aveva avuto relazioni con più di 200 donne lungo il percorso, uno che viveva d'istinto.

Ogni volta la sua sensazione era che l'anima gemella, quella vera, lo attendeva allo stadio successivo della sua evoluzione personale e spirituale, e così passavano gli anni tra una relazione e quella successiva, nessuna pareva mai quella perfetta e definitiva. Ma del resto lui aveva ancora 36 anni. La signorina Lee di anni ne contava 43, pur dimostrandone fisicamente la metà, grazie alla sua pelle bianca di seta asiatica, ed ai miracoli della cosmesi coreana.

I primi tempi trascorsi insieme erano stati meravigliosi, persino ricchi di progetti per il futuro sbandierati l'un l'altra con puro idealismo. Si erano goduti scampoli della calda e divertente vita thailandese, visto che lui viveva a Bangkok dove l'aveva ospitata per qualche giorno.
Ben presto lei mostrò segni di inquietudine e un'evidente crisi di astinenza per la sua vita tra business monetari e gioco d'azzardo nei casino, ben presto ripartì per Hong Kong prima e Macau poi.
Il passaggio per Hong Kong a sua detta le era necessario per smuovere alcuni capitali in un conto li aperto. Lui se ne restò a Bangkok confidando di rivederla presto perché aveva la sensazione di essersi innamorato di lei.

Ma era solo una sensazione.

Il dramma scoppio qualche sera dopo, inaspettato, una vera storia che sono qui a raccontarvi ma non prima di rivelarvi un altro colpo di scena cari lettori, e questo è il momento giusto per farlo.

Quel ragazzo italiano che viveva a Bangkok e si era infatuato della sua bambola coreana sono io, Andrea Falcinelli, che qui vi sta scrivendo per sensibilizzarvi sulle insidie del gioco d'azzardo e su come dominarlo. Siamo tutti potenziali geni, tutti vincitori e tutti potenzialmente abili nel moderarci e nell'uscire da situazioni negative. Tutti come me, come Areum, come Giacomo, come Iolanda, come il Dottor Farnesi, come Harvey (i personaggi che avete letto fin qui e che leggerete dopo), tutti i giocatori d'azzardo geni incompresi e sensibili anime in evoluzione. Si ho voluto inserire la mia relazione con questa ex ragazza coreana (che ovviamente ha un altro nome e cognome) perché la coincidenza o connessione (chiamatela come vi pare) risulta incredibile. Proprio io con le mie esperienze nel campo del rischio sulla strada di questa persona.

Spero che lei non mi odi se mai leggerà questo libro, tramite il quale ho parlato di una parte della sua vita, di noi due, ma è un atto che sentivo di fare per provare ad aiutare altre persone in difficoltà. Quindi mi sono proprio chiesto più e più volte come avesse fatto la vita a farci incontrare con un sincronismo tale, per un progetto così perfetto, entrambi uniti dal vizio del gioco. Quasi fossi stato scelto per far capire a lei e per far capire a me stesso cosa potesse causare la dipendenza da gioco, e condividere questa storia (come tutte le altre interviste e storie qui inserite) per aiutare giocatori cronici.

Parlavamo di quel dramma, di quella notte di metà aprile quando mi iniziò a scrivere un fiume di messaggi su Whatsapp, dove mi comunicava piangente che io e lei non potevamo stare più insieme. Che il nostro amore la rendeva fragile, che pensando a me non riusciva ad essere forte e a vincere nel gioco del baccarat, che di lì a poco mi avrebbe bloccato su tutte le linee di comunicazione che avevamo perché era giusto così, perché doveva finire così e la dovevo scusare. Si una pazza.

Stava vaneggiando bombardandomi di messaggi poco connessi tra loro ma che mi facevano presagire le fosse capitato un qualche disastro lì a Macau, disastro che tentava di nascondermi per vergogna e delusione passando rapidamente all'addio. Io le scrissi qualche messaggio ispettivo nel tentativo di calmarla e nello stesso tempo di capire cosa stesse succedendo, le promisi che insieme avremmo potuto fissare ogni cosa. Non ebbi alcuna risposta indietro fino alla mattinata successiva.

Quella notte non riuscii a dormire agiatamente perché era una delle rare volte in cui mi ero innamorato davvero ed avevo abbassato le difese, vaffanculo ai soldi che per me non erano mai stati un problema. Avevo vissuto da ricco, da povero, avevo vinto molto, avevo perso tutto, avevo cambiato innumerevoli lavori nella mia vita e dunque il mio karma da questo punto di vista era ottimo, le opportunità si riproponevano sempre.

Ma il punto principale era che non volevo perdere ancora una volta quella che pensavo fosse davvero la mia meravigliosa anima gemella asiatica, del resto condividevamo persino il vizio del gioco!

Accidenti mi aveva bloccato sul serio su Whatsapp, mi girava la testa dalla confusione e dalla delusione, perso nella mia solitudine dopo quella notte passata a leggere le follie scritte da quella forte quanto fragile ragazza coreana. Per fortuna in tarda mattinata Lee mi scrisse sulla chat di Telegram, applicazione che avevamo installato per seguire alcuni gruppi che condividevano informazioni sul trading di cripto valute. Così Areum Lee mi diceva:

"Caro Andrea sono sul traghetto per Hong Kong per raggiungere la banca dove tengo i miei ultimi risparmi per provare a risorgere da una situazione drammatica che mi è successa ieri notte. Scusa per le parole dure e irrispettose che ti ho scritto ieri notte ma ero senza controllo, spaventata e disperata. Ho bruciato 1,5 milioni di dollari di Hong Kong sul tavolo verde del Baccarat, nel tentativo di recuperare le grosse perdite che avevo subito nella prima parte della serata. Non sono riuscita a controllarmi, pensavo a noi e al fatto che con una grossa cifra potevamo iniziare una vita agiata e felice, non voglio dare la colpa al nostro amore ma questo è successo, è già passato. Ora ho un debito con il casino di almeno un milione e mezzo di dollari di Hong Kong perché ieri il direttore ha approvato un credito a mio favore dopo le prime perdite che mi avevano prosciugata. Ho rischiato in pochi minuti tutto quel prestito concessomi dal casino e ora non ho vie di fuga. Perdonami e addio."

Sembrerà cinico da parte mia ma la prima cosa che feci fu quella di aprire il convertitore di valute sul mio smartphone e controllare a quanto corrispondesse in euro quella cifra dal "suono astronomico". Magari qualche caro lettore lì tra voi sta facendo lo stesso, forza ammettetelo ;) Cazzo! Si trattava di 169.000 euro (con ovvie variazioni se mentre state leggendo questo libro il cambio è cresciuto o diminuito in relazione alla vostra valuta locale).

Io non sapevo assolutamente quanto fosse ricca o pazza la cara bambolina coreana, fatto sta che per me era una cifra enorme e io sicuramente non potevo far nulla per aiutarla. Tuttavia, l'amore mi aveva davvero rincoglionito perché le risposi che non mi importava del denaro perso, e che lei si poteva rimettere in piedi da subito, ormai era passato ma insieme si poteva ricostruire un futuro, io non la giudicavo.

Alle quattro del pomeriggio di quella giornata da film ci saremmo poi parlati in video chiamata su Skype.

Puntuali lo facemmo, ed era così bella lei, con quel viso bianco porcellana dai lineamenti asiatici perfetti, i capelli neri lucidi e le labbra un po' troppo gonfiate forse, ma di un rosso vivo naturale che in quel contesto erano la fine del mondo. La mia Areum Lee, il mio sogno di quel periodo.

Malgrado il dramma appena vissuto il piano fu quello di stare per un po' insieme a Macau, io da lei, del resto lavorando al PC avevo una buona autonomia, anche per questo spesso viaggiavo per piacere in giro per i vicini paesi asiatici. Da metà marzo fino ai primi giorni di aprile sarei stato con lei a Macau, residente all'hotel Nuwa presso il complesso City of Dream.

L'obiettivo era quello di riorganizzare il suo rientro in carreggiata godendoci in parallelo il nostro tempo insieme, provando a sdrammatizzare su quanto appena accadutole.

Non posso però nascondervi che il mio istinto presagiva un qualcosa di negativo in arrivo. Come ben sapete sono cose che non si spiegano, specialmente in amore, la forza d'attrazione ti fa continuare a credere in una frequentazione anche se percepisci che andrai a schiantarti contro un iceberg. Dopo quello che le era accaduto e che poi mi aveva confidato in piena fase isterica, ovviamente qualcosa era cambiato tra noi, più che altro in me, l'illusione di aver trovato una donna stabile, forte e indipendente si era sgretolata e non riuscivo più a vedere una storia a lungo od eterno termine.

Quindi che fare? Torno al cinico discorso che vi facevo qualche riga addietro. Ovvero non avevo nessuna intenzione di distruggermi inseguendo un amore viziato da problemi connessi alle dipendenze.
Anche a me piace essere romantico e credere nelle frasi da cioccolatino tipo "conosci i fantasmi della tua partner e aiutala a sconfiggerli", o magari "impara a giocare con i demoni che dominano il suo cuore e trasformali in angeli", e poi "grazie all'amore si diventa una cosa sola e non esistono ostacoli" e tanti altri principi fantastici.
Ma quando si parla di dipendenze sono ormai certo che lo scatto iniziale debba venire dal profondo sé del soggetto interessato, deve volerlo la persona che ha quel

determinato problema dal quale dipende.

Ne ho sentite un'infinità di storie ove la ragazza crocerossina cercava di far uscire il fidanzato dalla dipendenza dalla droga, oppure il ragazzo che tentava di far uscire la fidanzata dalla dipendenza dallo shopping compulsivo, o magari la storia di alcolizzati da salvare.

Insomma, io penso che prestare assistenza primaria, dare dei consigli lucidi sulle possibili strade da intraprendere, e quindi accompagnare una persona afflitta da una qualche dipendenza sia meraviglioso. Ma assecondarla, farla sentire una vittima e seguirla senza farle aprire gli occhi sia una cosa sbagliata. Talvolta la dipendenza può essere sconfitta dalla persona stessa in solitudine, passo dopo passo, ma in caso di assistenza esterna la via della commiserazione e del vittimismo non pagano mai, si rischia di far saltare la preziosa assunzione di responsabilità.

La persona intossicata da una qualche dipendenza tende a mentire agli altri come a sé stessa, si concentra solo sulle soluzioni utili all'ottenimento di altra "sostanza" che le serve per soddisfare la sua dipendenza.
Quindi circuirà e sfrutterà la persona che la commisera con astuzia, ripetiamo, l'obiettivo è solo quello di assecondare la dipendenza.
La persona vittima della dipendenza e quindi di sé stessa necessita di un aiuto distaccato e cinico che possa osservare la situazione lucidamente, con professionalità, senza sconti e mi vien da dire anche con un pizzico di strategia.

L'amore visto come salvifico e le dipendenze non vanno molto d'accordo. Per questo percepivo già che la situazione tra me e la mia bambolina coreana stesse sbiadendo, da un sogno idealizzato stavamo entrando in una grigia realtà all'orizzonte, ricca di ostacoli personali da affrontare.
Lei non avrebbe mai voluto condividerli con me ammettendo i suoi eccessi e le sue fragilità, quell'orgoglio piuttosto diffuso nelle personalità asiatiche.

Comunque, ero ormai deciso a partire e raggiungerla, erano settimane che sognavo si concretizzasse quel viaggio insieme a lei da Hong Kong a Macau. Continuare a visitare una parte del mondo asiatico che ancora non avevo avuto l'onore di visitare, questa volta con una donna che mi piaceva davvero. Quel fatidico giorno arrivò e così ci imbarcammo insieme sul volo della compagnia Blue Panorama, business class con priority line e un'ottima armonia ed energia intorno, del resto quando si viaggia tutti i problemi scompaiono e si cerca solo di godere e condividere belle esperienze.
Era magica Hong Kong con le sue strade illuminate dalle insegne colorate, come le scritte asiatiche, l'area preposta al divertimento notturno con locali affascinanti e stilosi, un mix di razze perfettamente integrate.
Camminavamo sempre mano nella mano io e la mia bambolina, e ridevamo insieme continuando a progettare il futuro malgrado tutto l'accaduto.

Malgrado quella sensazione sottopelle di incertezza avevamo solo voglia di rilassarci e divertirci, era già successo così tanto in così poco tempo, forse entrambi dovevamo solo lavare via un po' di irrequietudine.

Eravamo due ragazzi altruisti, dolci e di mente apertissima che stavano entrambi lottando contro il personale perfezionismo, volevamo l'amore idealistico, e sapevamo che forse avremmo interrotto anche quell'unione.
Questa severità ci metteva d'innanzi parecchi limiti, ma volevamo per lo meno vivere quei bei momenti che non sarebbero in ogni caso più tornati. Le emozioni furono profonde e meravigliose.

E così le due notti ad Hong Kong furono tanto magiche quanto veloci, il traghetto per Macau si era materializzato davanti a noi ed era tempo di salire.
Ci guardavamo spesso l'un l'altra mentre sedevamo in relax attraversando quella lingua di mare che separa i due paesi dei balocchi. Eccoci ben presto a Macau, una vera e propria Las Vegas dell'Asia con energie relative al gioco d'azzardo molto simili, ma energie relative al posto ed alle persone totalmente diverse.

A Las Vegas percepisci l'americanismo e il suo stile inimitabile, l'originalità, a Macau vedi la crescita economica cinese ed il benessere dei paesi d'intorno, una copia del sistema Las Vegas con gli asiatici infettati dalla frenesia dell'amore per il denaro.

Come sempre avevo intenzione di utilizzare quel tempo a Macau come disconnessione dalla vita reale, non pensare a nulla per un po' e godermi ozio, adrenalina e vizi connessi a quel contesto unico.

Quindi relax, gioco, drinks, giri casuali nei casino, ricerca dell'ispirazione per qualche colpo fortunato, riposo, un po' di palestra, un massaggio e ancora ricominciando, gioco e drinks, uno spettacolo dal vivo o un cinema, una cenetta e ancora drinks e gioco d'azzardo. Che bello! Si per qualche giorno va bene ma oltre i quattro o cinque giorni anche quello stile di vita comincia a diventare stretto.

Stetti lì a Macau con la mia "Korean doll" per ben 26 giorni, in quell'hotel cinque stelle collegato al suo Casino e poi tutti gli altri Casino a distanze brevissime.

Evviva ventisei giorni a Macau! Vi rendete conto? Bene nel prossimo paragrafo vi racconterò in riassunto come andò.

La prima settimana la potrei definire la nostra luna di miele. Accadde tutto quello che di più bello ci potessimo aspettare e senza alcun tipo di screzio, nessuno scambio urtante di vedute o altro problema tra noi o al di fuori di noi.
L'hotel 5 stelle Nuwa era meraviglioso, la nostra camera spaziale ma forse sarebbe meglio definirla appartamento visto che superava tranquillamente i 100 metri quadrati. Potevamo ordinare cibo di prima qualità ad ogni ora del giorno e preparare cocktails in piena autonomia grazie ad una vasta selezione di alcolici e soft drinks. Adoravo

prepararle i miei cocktails principalmente a base di vodka ed acqua tonica che lei apprezzava e beveva in abbondanza.

Il nostro preferito da condividere era il Moscow Mule, lo miscelavo a modo mio utilizzando vodka, ghiaccio, una fetta di limone, una fettina di cetriolo, un pezzetto di zenzero giallo, della ginger beer soda e un po' di acqua tonica. Rinfrescante e perfetto per alzare un po' i giri delle nostre menti complesse e un po' perverse.
Così dalla camera imperiale si prendeva l'ascensore insieme e, camminando un po' attraverso il centro commerciale, si raggiungeva la sala da gioco del Casino principale di City of Dreams.

Non giocavamo insieme spesso, anzi generalmente lei spendeva la maggior parte del tempo sul Baccarat mentre io adoravo sedermi ai tavoli di Poker Stars.
Poi a volte ci davamo appuntamento intorno all'area slot machines per sfiammare i rispettivi accumuli di adrenalina e raccontarci come stesse andando la serata.
A volte si vinceva entrambi, a volte si perdeva entrambi, a volte uno perdeva e l'altra vinceva e viceversa, in ogni caso c'era rispetto e gioia tra noi.

Percepivo un'energia unica come se ci ricaricassimo a vicenda e come se quel posto che c'eravamo ritagliati lontani dal mondo e dalla vita comune, fosse il nostro reale habitat naturale. La terza sera fu la migliore visto che io vinsi 1500 € partendo da 250 di budget iniziale, proprio al poker texano. Lei infilò una bella serie di "player" e "Banker" al tavolo del Baccarat sbattendomi in faccia la sua supremazia assoluta nel fare soldi, sui 5000 €. Be' del resto io ero un miserabile paragonato a lei. La mia spesa media per vivere un anno a Bangkok era intorno ai 15.000 $, comprendendo viaggi nei paesi vicini e tutti i miei vizietti mensili. Lei 15.000 $ li rischiava anche in una singola sera senza alcun problema, per non parlare come ben ricorderete della sua terribile e astronomica perdita intorno ai 200.000 $.

Tuttavia, malgrado io fossi un piccolo giocatore di provincia e lei una esperta donna da film hollywoodiano, conoscevo benissimo le sensazioni, le assurde scaramanzie, le strategie, le difficoltà nel rispetto dei budget prestabiliti come auto tutela, e gli enormi rischi di perdere il controllo.

Si può giocare molto o poco ma quando si diventa giocatori d'azzardo la chimica agisce sul cervello in maniera più o meno uguale per tutti, cambiano le sfumature. Certo ci sono rare eccezioni di personalità abili nel vincere spesso e perdere raramente, personalità che distruggono tutto il loro budget in tempi record, parsimoniosi giocatori che puntano pochissimo solo per passare del tempo.
E così potremmo andare avanti all'infinito con le sfumature cari amici, ma quando si resta vittime di una vera e propria patologica dipendenza si potrà reagire in tanti modi: controllandola, diventandone schiavi, entrandoci per poi

uscirne, rientrandoci dopo una temporanea redenzione, e tante altre possibilità da sfumare nei modi e nei tempi.

Tornando sulla mia avventura a Macau riprendo il discorso lì dove l'avevo lasciato, tuttavia il prosieguo risulterà ben più drammatico. Avevo sottolineato come i primi due giorni ad Hong Kong e poi i primi tre giorni a Macau fossero stati favolosi, vissuti come una gioiosa coppia innamorata follemente. Poi il resto della prima settimana insieme proseguì con qualche diversivo, come andare a pranzo in un caratteristico ristorante portoghese al mare o fare lunghe camminate notturne sotto la luna e le luci di Macau, partendo dal nostro hotel fino a raggiungere il cuore della città vecchia. Era come saltare da una città giovanissima e costruita solo in funzione dei casino, ad un piccolo borgo in stile europeo ispanico.
L'influenza del colonialismo portoghese, infatti, aveva lasciato le sue romantiche impronte su porte ed insegne di case ed esercizi commerciali e ristorativi incastonati qua e là tra i vicoli di quel grazioso borgo.

Camminando a lungo mano nella mano fu gradevole aprirci ulteriormente a vicenda, parlando delle nostre vite, delle nostre famiglie, della nostra esigenza di vivere una vita eccitante e senza sotto le influenze di capi e regole istituzionali e religiose. Ci trovavamo davvero d'accordo su tutto, ma forse tutto quell'accordo poteva diventare il motivo stesso di una futura separazione.
Troppa indipendenza, troppa consapevolezza di noi stessi,

poca abitudine nello scendere a compromessi, e anche tanto orgoglio. La nostra propensione al rischio che di solito dovrebbe essere una benedizione per osare anche in amore, avrebbe potuto bruciare tutto il carburante del nostro amore in pochissimo tempo.

Quella decina di giorni insieme, escludendo la prima settimana trascorsa a Bangkok, furono gli unici da poter ricordare nel nostro diario d'amore.

Dalla seconda settimana tutte le negatività della dipendenza da gioco covate dentro Areum iniziarono a manifestarsi: Irascibilità, sbalzi d'umore, autoritarismo, insofferenza, vittimismo, fragilità seguite da pianto e persino calunnie nei miei confronti. Tutto questo fu la controprova del profondo malessere che il mio "sogno coreano" non poteva più gestire.

Questa volta non sarebbe riuscita a nascondersi dietro scuse o mistificazioni, questa volta io ero lì con lei e le sue mezze verità non avrebbero potuto vincere sulle mie opinioni e sulle mie analisi lucide, perché ero un bastardo conoscitore del gioco d'azzardo e delle sue trappole psicologiche. Due volte mi rinfacciò di essere pericoloso per lei perché le sapevo leggere dentro, perché gli ex fidanzati venivano schiacciati dal suo carattere e dalle sue decisioni, nessuno osava contraddirla e nessuno era mai riuscito a schiudere quei suoi segreti interiori.

Giorni di lotta e rassegnazione per una storia che percepivo sarebbe terminata non appena fossi tornato in Thailandia, per lo meno stavo vivendo ancora una volta un'esperienza di vita che io amo definire "da film", una di quelle avventure che in fondo piacciono al mio "Io" interiore. Oltretutto la relativa delusione per quanto stava accadendo era controbilanciata dalla fortissima consapevolezza che avevo maturato dentro me negli anni di nuova vita in Asia. Avevo imparato a ringraziare per ogni cosa che la vita mi proponesse ed avevo imparato a ridere per ogni cosa che la vita mi sottoponesse, l'esercizio più bello che mi piaceva fare allora come oggi è quello di sorridere guardando verso il cielo e poi conversare interiormente con Dio.

Per me personalmente un Dio al di fuori delle religioni, della scienza e delle regole terrene, un amico che mi guarda dall'infinito Universo e ride delle mie sventure come un bambino dispettoso, per poi premiarmi però con doni ed esperienze di impagabile valore qualora continui a vivere nel bene, nella condivisione, nella compassione, nell'amore incondizionato.

E allora tutto mi scivola addosso e posso restare felice anche nel momento in cui perdo un amore che mi sembrava predestinato. E figuriamoci quando perdo soldi o cose materiali, non è più un problema, perché so che oggi vanno e domani tornano.

In quei giorni di tensione davanti a quella donna coreana fragile ed iper-sensibile avevo capito che ero stato chiamato a lei per condividere le sue pene e provare a smuovere qualcosa dentro lei. Per farla uscire da quel labirinto diabolico della dipendenza da gioco. Anche qualora non vi fossi riuscito sarei rimasto nei suoi ricordi come una persona unica, un qualcuno che doveva conoscere e con il quale doveva condividere un pezzetto di vita.

Gli ultimi tre giorni insieme furono tesi e ci sputammo in faccia un po' di quelle menzogne che l'overdose da gioco d'azzardo fabbrica dentro gli esseri umani.

Del resto, lei si era giocata anche i soldi che aveva preso dal conto in Hong Kong e io mi ero sputtanato il mio budget di mille euro, più la bellissima vincita di 1450 € che avevo guadagnato con astuzia giocando al poker texano.

Lei si sentiva ancora più fallita di prima visto che alla spaventosa cifra persa in principio (prima che io arrivassi in quel di Macau), si aggiungevano le perdite contate in quei giorni con me intorno.

Io che di sentimentale custodivo ormai pochissimo, contavo i miei spiccioli persi pensando al fatto che avrei potuto investirli in maniera ben più proficua.

Magari in crypto valute o facendomi un bel mesetto di viaggio in un'isola a piacere della Thailandia, godendomi non una donna paranoica ma una calma bellezza senza problemi di sorta. Erano solo pensieri, ormai quel che era stato era stato e tra alzate di voce reciproche e insulti tra le righe ci congedammo nel gelido saluto della stazione traghetti di Macau.

Ero comunque felice perché mi aspettava un interessante meeting in un bellissimo hotel di Hong Kong con cocktail party al seguito nel relativo rooftop bar. Infatti, partecipai ad una conferenza sull'azienda di Blockchain EOS per la quale avevo curato il profilo Instagram nei mesi precedenti. Eppure, la vita va sempre avanti e se impariamo a giocare e scherzare con le nostre sfide e fragilità interiori scopriremo che è la vita stessa un gioco da non prendere troppo sul serio. Perché ciò che pensiamo, che vogliamo e che assorbiamo diviene ciò che faremo, riceveremo e diventeremo.

E la cara bambolina coreana che fine ha fatto vi chiederete? Mi scrisse qualche messaggio su Whatsapp dicendo che le servivano dei mesi per "fissare la sua mente", questa era la traduzione delle sue parole in inglese.
Mi invitava a raggiungerla a Danang in giugno per riprovarci di nuovo, perché per lei restavo importante e perché mi aveva conosciuto in un momento sbagliato della sua vita. Perché lì a Danang le puntate minime sui tavoli da gioco erano molto più basse e quindi lei poteva ripartire con minore pressione. Ripartire a far cosa pensai io?
Mi risposi da solo ovviamente. Era ancora drogata di gioco d'azzardo purtroppo e per orgoglio non voleva arrendersi ma voleva spostare la battaglia su un terreno di guerra meno duro.

Le risposi che era un periodo pieno e che nel mese di luglio mi apprestavo come ogni anno a tornare in Italia per un mese abbondante in quanto mi mancavano i miei familiari e gli amici di vecchia data.

Preferivo lavorare ancora un po' a Bangkok e risparmiare per il viaggio in patria. Ovviamente era una mezza verità visto che non avevo nessuna intenzione di camminare con lei su un nuovo pavimento di cristallo sottile con le mani piene di fiches d'acciaio. Sarebbe bastato perdere qualche fiches dalle mani per frantumare quel velo di cristallo sotto i nostri piedi e cadere di nuovo nel vuoto delle nostre incomprensioni.

E così dopo quel mio rifiuto tutto sfumò gradualmente, io non la cercai più, lei mi scrisse ancora ad ottobre ma con rassegnati messaggi di circostanza parlandomi di una nuova vita fuori dal gioco d'azzardo ed un prossimo lungo viaggio negli Stati Uniti. Non potei che augurarle il meglio e congedarmi dopo averle esposto le ultime novità della mia vita.

6

IOLANDA, LA SOLITUDINE E LA SUA SLOT

Formosa e bassina, sempre sorridente, amata dai vicini tanto quanto dai suoi due gatti, vi presento Iolanda, colei che covava dentro sé una certa malinconia maturata dopo il pensionamento. Una dolcissima professoressa di italiano stimata pressoché da ogni studente che aveva avuto la fortuna di averla come insegnante. Forse era troppo buona ma riusciva comunque a conquistare il rispetto dei suoi ragazzi coinvolgendoli calorosamente e sostenendoli anche durante le interrogazioni, laddove qualche lacuna di troppo imbarazzava gli studenti più problematici o meno meritevoli.

Del resto, insegnando in un liceo classico poteva per lo meno evitare i temibili ragazzi dei licei tecnici e professionali, storicamente ben più duri da gestire ad ogni livello. Famosa nel circuito scolastico grazie ai suoi arrivi in sede sulla sua FIAT 500 bianca (modello d'epoca post anni 70), la sua severa puntualità e quel profumo di mentolo emanato dalle caramelle che teneva sempre in borsetta. Non poteva contare sull'amore dei familiari che col passare del tempo si erano chiusi ermeticamente nelle loro frenetiche quotidianità, i suoi due nipoti più cari erano ormai cresciuti snobbandola abbondantemente.

Essendo i gatti la sua passione ed i suoi amici più fedeli, si prendeva cura di loro con meticolosità, accarezzandoli sul divano mentre leggeva libri, correggeva i compiti in classe degli studenti o si rilassava ascoltando la sua musica classica preferita.

Continuando sul personale aggiungo che Iolanda era una zitella ormai rassegnata alla sua solitudine di lungo termine, dapprima per via delle delusioni d'amore che l'avevano deturpata psicologicamente in giovane età, poi per la sfortuna di non aver incontrato una sorta di compagno di vita in età più matura. L'aspetto fisico semplice con qualche chilo di troppo non avevano certamente aiutato cupido nella ricerca di un'anima gemella, dunque il suo amore si riversava sui due felini e sugli studenti. Con l'arrivo della pensione si esaurì pure quel canale d'amore ed utilità che la connetteva con i ragazzi, non fu facile uscirne senza pagare un ulteriore dazio dal punto di vista emotivo.

Ma in fondo la sua intelligenza raffinata le permetteva di divertirsi con poco e di amare le cose semplici della vita, inoltre la sua sensibilità letteraria le permetteva di ovviare ai vizi carnali con quelli intellettuali, il teatro, le mostre d'arte, qualche serata al cinema con le amiche.

Con queste amiche di vecchia data Iolanda condivideva ogni tanto l'ebrezza del gioco alle carte, vere e proprie full-immersion di bridge dove si puntava qualche spicciolo per rendere la competizione più eccitante.

Per altro con il trascorrere del tempo molte persone diventano più pigre e rinunciatarie, smettendo di concedersi anche gli hobby da loro più amati. Ed era quello che accadde alle stanche ed anziane amiche delle carte.

Così da una parte i nipoti ormai adulti la degnavano di un saluto solo per Natale e Pasqua nella facile missione di ricevere da lei doni in denaro, e dall'altra parte le amiche del cinema e del bridge si defilarono con la scusa delle difficoltà negli spostamenti per via degli acciacchi e dei rischi connessi. Le rimasero gli hobby di casa, le letture sul divano con i gatti ormai in sovrappeso quanto lei e qualche uscita in solitaria.

Le piaceva guidare la sua cinquecento per le vie di Rimini fermandosi magari per un cappuccino, per shopping in centro storico nei suoi negozi di fiducia, o ancora al solito supermercato vicino a casa. A volte percorreva il lungomare senza uno scopo ben preciso, prima in un senso e poi nell'altro, oppure si avventurava in collina fino a raggiungere la Repubblica di San Marino per poi rincasare entro sera.

Durante uno di questi suoi giri di piacere un bel giorno la cara professoressa si fermò per una seduta dalla parrucchiera preferita che era sita nel più grande centro commerciale della città. Finito il lavoro sui suoi folti capelli rossastri si diresse con andatura lenta verso le grandi porte girevoli che precedevano l'uscita verso i parcheggi, quando qualcosa la stuzzicò.

Sulla sinistra prestò la sua attenzione ad una grande e luccicante insegna che promuoveva la sala slot machines del centro commerciale. Quel blu intenso con innumerevoli simbologie richiamanti la fortuna, serigrafate lungo tutta la parete che si estendeva per almeno venti metri.
Le grandi porte nere non permettevano di guardare immediatamente all'interno di quella sala tanto misteriosa, ma sicuramente invogliavano allo sbirciarci dentro, così Iolanda non poté che rallentare il passo per un attimo.

Le sue prime reazioni istintive furono contrastate, andando da un'avvolgente curiosità ad una vergogna perentoria. La sua integrità morale e l'avversità al rischio provenivano dalle indicazioni della calotta cerebrale sinistra, mentre gli impulsi perversi e propensi al rischio venivano spinti dall'annoiata calotta cerebrale destra in cerca di adrenalina. Qualcosa la spingeva ad accarezzare l'idea di una puntatina alle slot machines, era un nuvolo di impulsi chimici tra la tentazione ed il piacere, questi venivano supportati dalla valanga di flashback sui tempi vissuti con le amiche giocando al bridge.

Quel rapido scambio antagonista tra sinapsi fu scalzato dalle ben più semplici e automatiche istruzioni cerebrali di stampo motorio. Infatti, se alle prime emozioni pro-perdizione era seguito un secco stop dei suoi passi, nel momento in cui intervenne la brava razionalità i suoi piedi ripresero a camminare con ritmo verso la salvezza.

Così varcata la porta d'uscita del centro commerciale si fiondò verso l'auto, appoggiò le buste dello shopping sul sedile lato passeggero e ripartì per la via di casa.

Un tarlo perverso connesso a quella luccicante insegna della sala slot machines si materializzava nella sua mente, ma sfumò definitivamente una volta rientrata fisicamente in casa. Un'altra serata tra vino rosso, divano, libri, musica classica e gatti si riconfermò come sua noiosa ma salvifica via di svago.

L'estate del 2018 volgeva ormai al termine e Iolanda vedeva sfumare anche la bella possibilità di spendere le sue giornate da pensionata al mare. Anche per quell'anno era giunto il tempo di dire addio ai puntuali gelati delle 4 del pomeriggio, alle parole crociate sotto l'ombrellone, al bagno rigenerante sull'iniziar del tramonto e alle gradevoli chiacchiere con i vicini d'ombrellone. La noia tornava a dominare la scena.

Agli inizi di ottobre Iolanda si recò nuovamente al centro commerciale più grande della città per prendersi cura del suo corpo, nel salone di bellezza dov'era una cliente ben conosciuta ed amata da tutto lo staff.

Le ragazze che si prendevano cura di lei erano diventate un po' come delle figlie acquisite, tra racconti di vita e confidenze la pacioccona professoressa in pensione aveva sempre quel consiglio giusto o quella parola di conforto che la rendevano una portatrice di saggezza e positività. Ovviamente le ragazze la adoravano anche per le puntuali mance che elargiva a fine sessione, sia fosse una pedicure, sia fosse uno shampoo con colore ai capelli, sia fosse una ceretta.

Finita la sua sessione al centro estetico Iolanda si fermo per un caffè in uno dei bar principali installato nel grande atrio di fronte al parcheggio del centro commerciale.

Cari lettori, vi confermo che era proprio quell'atrio ove qualche settimana addietro Iolanda si fermo per qualche istante a fissare l'entrata della sala slot machines.

Questa volta l'osservazione di quel luogo misterioso fu prolungata, c'era tutto il tempo necessario per ricevere il suo caffè al tavolo, zuccherarlo, soffiarci qualche volta sopra e sorseggiarlo in qualche tornata.

L'adrenalina le accarezzava la corteccia cerebrale, il cuore ebbe una breve accelerazione e ben presto l'idea di fare un giro esplorativo nel mondo dell'azzardo fu inderogabile, un'idea già decisa.

Con passo prima lento poi sempre più accelerato la cara signora si spinse fino all'entrata della sala slot.

Un momento d'incertezza prima di aprire la porta che nascondeva perfettamente quel regno oscuro, poi uno scatto reattivo che la fece ritrovare dentro in un istante. La vergogna di sostare di fronte alla sala slot era più potente della sua indecisione, inoltre a supporto continuavano a spingere pure l'adrenalina, la curiosità e la voglia di scacciare la noia sedimentata ormai negli anni.

Una sfilza di oltre 50 slot machines allineate in 6 settori differenti, popolavano quella sala che era molto buia ma con vista garantita, grazie alle sfavillanti lucine che provenivano dagli schermi e dalle tabelle di ciascuna "macchinetta mangia soldi".
Il luogo risultava tutto sommato gradevole perché i giocatori erano concentrati sulle loro singole sessioni, quindi non c'era alcuna invasività né visiva né verbale.

Come prima volta in quel luogo di perdizione Iolanda si trovò relativamente a suo agio.

Non le restava che scegliere un tema di gioco che le piacesse in una macchinetta propensa a pagare una qualche vincita, lei sperava, apparentemente tutta una questione di caso e statistica verrebbe da pensare ad ogni comune mortale, ma per il giocatore le percezioni e l'istinto sono di primaria importanza. Peccato che il mondo delle slot machines difficilmente ti accoglie per una sola sessione lasciandoti scappare con il bottino, anzi, come ben sappiamo tendenzialmente un'eventuale vincita anche piccola spinge il giocatore a provarci di nuovo. E in caso di perdita?
Be' non vorrai mica arrenderti al primo tentativo? Questi circuiti consci ed inconsci sono i germi della dipendenza da gioco, nella quale è relativamente semplice entrare ma poi difficile uscirne.

La strada fu segnata nel momento in cui la nuova vittima si sedette su quella comoda sedia in fronte alla slot prescelta. Iolanda infilò la sua prima banconota da 50 € per giocare ad una slot che s'ispirava alle divinità dell'antico Egitto, con la possibilità di accedere a divertenti ed eccitanti bonus, nel momento in cui si materializzassero dai tre ai cinque libri dell'antico Egitto, anche in ordine casuale sui rulli di gioco. I bonus che vengono pagati casualmente sono i premi che rendono le sessioni ancora più eccitanti e quindi additive.

E così iniziò a spingere il pulsante con frequenza cadenzata in modo da assorbire tutte le regole del gioco e gustarsi la sua prima esperienza, stare in quella stanza la faceva sentire bene, per un po' non doveva pensare al mondo là fuori, alla noia, alla solitudine e per di più lì dentro nessuno la poteva vedere né giudicare.

Con un tira e molla entusiasmante quella prima esperienza alle slot machines risultò positiva con un guadagno netto di 20 €.

Iolanda, infatti, si seppe fermare dopo una sola ora di gioco, spinta da quel sicuro guadagno maturato che poteva essere sufficiente per tornare a casa senza delusioni ne rimpianti. Così corse alla cassa ove una gentile e avvenente ragazza le cambiò il ticket-ricevuta ove su scritto vi erano 70 € di credito (le 50 € di investimento iniziale più le 20 € di vincita netta). La ragazza addetta alla cassa le spiego inoltre che nelle tornate successive avrebbe potuto incassare autonomamente le vincite semplicemente infilando il ticket-ricevuta nelle moderne casse automatiche poste in tre punti della sala slot.

Dopo essersi ricomposta dalla sbornia di quella prima esperienza tornò nella sua dimensione di vita semplice per ben due settimane, riuscendo ad esorcizzare gli attacchi di voglia di giocare con la sola forza d'animo. Ma la tentazione fu troppa quando Iolanda si apprestò a raggiungere il centro benessere del solito centro commerciale, proprio quello della sala slot machines, lei sapeva già che quel giorno avrebbe ceduto per la seconda volta.

Percepiva la perversa spinta dell'azzardo fiorire all'interno della sua mente sensibile e questa volta voleva assecondarla, abbandonarsi al vizio di nuovo.

Il pensiero di tornare nel centro estetico per farsi bella era solo un misero pretesto, era giusto una gradevole attesa prima di potersi tuffare nuovamente in sala slot.

Iolanda si crogiolava in quei pensieri mentre la parrucchiera le lisciava i capelli e le parlava del più e del meno. La nostra protagonista fantasticava già sulla possibilità di ottenere la combinazione per accedere al misterioso ed eccitante bonus dei libri dell'Egitto del faraone Ra, la volta precedente infatti non era riuscita a provarlo preferendo ritirarsi con il suo piccolo ma sicuro bottino di 20 €.

Chissà quali divertenti effetti sarebbero comparsi sullo schermo, e chissà quali ricche combinazioni avrebbero potuto sorprenderla positivamente.

E anche qualora avesse perso del denaro perché mai tediarsi tanto al cospetto di quell'eccitante e nuovo svago? Iolanda contava i minuti che la separavano dal caffè di rito da gustare nel bar di fronte alla sala slot, che le avrebbe inoltre dato la giusta carica per affrontare quella seconda sessione di gioco attesa da ben due settimane.

"Signorina Iolanda sta davvero bene con questo rosso ramato"

Si complimentò la parrucchiera di turno mentre Iolanda era già in prossimità della cassa per pagare il conto e liberarsi.

"Grazie a Voi, come sempre per l'accoglienza e per le coccole"

Rispose Iolanda mentre sfogliava le sue banconote in euro per pagare il conto, più una mancia per le ragazze che si erano prese cura di lei. Dopo il saluto ancora pochi passi fino al bar ove questa volta ordinò un cappuccino, ovviamente osservando con la coda dell'occhio l'entrata del suo harem di slot pronto ad accoglierla. E così bevendo il suo dolce cappuccino fantasticava già sulla quantità di persone che ci potessero essere all'interno della sala, e poi se la sua slot machine preferita dove aveva giocato la volta precedente fosse di nuovo disponibile.
Sapete a volte non si tratta solo di scegliere una macchinetta qualunque, a volte si esplora la sala slot calcolando le posizioni ove si sta più tranquilli, oppure dove qualcuno ha speso tanti soldi e non ha poi ottenuto nulla indietro.

Così ci si può trasformare in avvoltoi (quando dopo aver notato la prolungata disfatta di un qualche giocatore si corre a giocare nella sua slot machine sperando in una rapida "rapina"), oppure in pecore (quando ci si ostina a giocare ove non si è rimediato un centesimo), o in lupi (quando si stravince azzeccando la slot perfetta).

Si gioca alle slot machines in una dimensione parallela, nel mondo visto da ciascun giocatore, fuori da tutto il resto e sperando ovviamente di vincere in abbondanza.

Iolanda era eccitata dall'idea di dover provare a moltiplicare il suo investimento iniziale, cercando di ottenere grandi punteggi, bonus o magari jakpot che l'avrebbero portata a guadagni mai sperati.

Erano passate da poco le sei di sera e Iolanda non aveva programmi per la serata, nemmeno l'esigenza di cenare dopo aver bevuto quel calorico cappuccino con zucchero e cioccolato in polvere. Appoggiò la borsa nello spazio che divideva "la sua slot" da quella successiva e si sedette sulla comoda sedia da giocatore, infilò la prima banconota da cinquanta euro e partì. Non vinse nulla per tutte le prime 50 € che si smaterializzarono in men che non si dica lasciandola di stucco. L'altra volta per lo meno si era vista qualche buona combinazione, ma questa volta era stato incredibile, cosicché tentò con altre 50 €.

La puntata (bet) su ogni singola giocata era di 1 €, quindi ovviamente in caso di insuccesso prolungato risultava veramente facile e veloce bruciare 50 €.

Dopo altri trenta giri la slot machine continuava a non

pagare nulla e Iolanda provava un mix di delusione e amarezza, tuttavia qualcosa la spingeva a non desistere.

Altre due banconote da 20 € con il tempo di gioco che aveva raggiunto le due orette, ed ecco avvenire il miracolo che aspettava della prima giocata azzardata in quella macchinetta, ovvero aveva ottenuto il bonus!
Finalmente erano apparsi i tre libri magici che le aprivano le porte del bonus game. Quando il simbolo del libro appariva su una delle cinque ruote della slot, la stessa emetteva un jingle (suono) che creava un'intensissima suspence, il fiato resta in gola e la speranza galoppa, ma che delusione se ne compaiono solo due su tre.
E che soddisfazione incredibile qualora se ne ottengano addirittura quattro o cinque. Ma per Iolanda tre erano più che sufficienti e dopo cotanta attesa la botta di adrenalina fu forte, solo leggermente anestetizzata dal dispiacere di aver dovuto investire ben 140 € in totale prima di ottenerli. Ora non le rimaneva che fare un bel respiro profondo e pregare per un pagamento generoso.

Ma accidenti, fu una sessione bonus nel complesso deludente visto che il pagamento totale fu di sole 36€, lasciando Iolanda nello sconforto per un passivo totale che restava di ben 104 €. Era abbastanza per quel giorno, visto che la testa le pesava, gli occhi bruciavano leggermente per la stanchezza e quelle due ore di gioco più che sufficienti come seconda esperienza. Così si accontentò di aver ridotto la perdita iniziale, riscosse il suo ticket-ricevuta e se ne tornò a casa. Dopo una doccia veloce si coricò dormendo pesantemente.

Le giornate successive a quella seconda esperienza in chiaro-scuro (chiaro per le emozioni dell'attesa e le speranze maturate con il bonus, scuro per la perdita finale) trascorsero nella solita flemma per Iolanda.
Solita pigrizia, solitudine, stesse mansioni come pulire casa, cucinare qualcosa e prendersi cura dei gatti, le stesse letture o serie tv durante la sera, ma questa volta c'era quel nuovo assiduo pensiero. Iolanda provava scariche di attrazione frequenti col pensiero di tornare nella sala slot a provarci di nuovo, il pensiero della probabilità di ottenere nuove sessioni bonus, di veder schizzare in alto il totale sullo schermo, di sentire quelle canzoncine gloriose che la macchinetta suona solo in caso di vincite superiori.
Su quella sedia comodissima, con del caffè o prosecco gentilmente offerti dalla ragazza della cassa all'interno della sala slot. Evidentemente le sale slot che molte persone giudicano come puro squallore, piacciono profondamente ad altre, le quali sono alla ricerca di un isolamento appagante, di un riempire il tempo che si distacca dalle pesanti regole routinarie che le società d'oggi impongono, o magari per la solitudine, o per la fine di un'amore dal quale si vuol star lontani, ecc.

Ad una persona predisposta al gioco d'azzardo come Iolanda due sole sessioni non possono bastare e la ricerca del piacere rilasciato dalle vincite la porterà a giocare abitualmente. A quel punto si apriranno due possibilità, la prima è giocare responsabilmente, quindi saltuariamente e con budget prestabiliti, la seconda è perdere il controllo mettendo a serio rischio il proprio patrimonio finanziario.

Perché è ben noto che tutte le dipendenze hanno qualcosa in comune e se non si trova la forza di moderarsi ci conquisteranno! Sia quella all'alcool, sia quella al fumo, sia quella alle droghe, persino quella alla marijuana (che a mio avviso fa bene alla salute e andrebbe legalizzata ovunque), se si cade in un utilizzo quotidiano cronico qualsiasi dipendenza ci distruggerà. Senza un limite nel consumo degli agenti che creano dipendenza e senza prendersi dei periodi più o meno lunghi di pausa (per non usare il brutto termine disintossicazione) anche ciò che fa stare bene nel breve periodo, finirà per farci molto male nel medio-lungo termine.

Ci sono sempre delle eccezioni in questo mondo e qualche scaltro giocatore può avere la fortuna e la capacità di gestire al meglio il proprio rapporto con il gioco d'azzardo, creandosi persino un'entrata fissa. Pensiamo per esempio ai giocatori professionisti di poker texano che riescono a guadagnare ingenti somme a tornei internazionali di vario tipo, oppure ai milionari traders finanziari, ma ovviamente la platea di questi geni del rischio è infinitesimale.

Chi gioca d'azzardo diventandone dipendente troverà grandi difficoltà nel gestire la patologia da solo e prima o poi dovrà rassegnarsi all'idea di un taglio netto e drastico, talvolta per prendere atto del problema stesso necessiterà dell'aiuto di terzi.

Solo dopo l'ammissione della dipendenza e qiomdo una disintossicazione relativamente lunga (certamente non di una sola settimana o due), il soggetto potrà eventualmente rifare qualche puntata ogni tanto e con budget prestabiliti, magari condividendo la cosa con una persona cara che potrà controllare che la dipendenza non esploda ancor più forte di prima. Perché il rischio di ricadute è enorme ed è ben più elevato quando si resta soli lontani dagli occhi inquisitori di un eventuale "controllore". In ogni caso non vergognatevi mai di voi stessi, c'è sempre una soluzione per ogni accadimento in questo magnifico viaggio avventuroso che è la vita, dunque dovete sempre accettare le sfide ed i test che la vita stessa giocosamente vi pone d'innanzi.

Iolanda si trovò di nuovo a casa sola con i suoi gatti ma questa volta con un pensiero in più. La sconfitta subita in quella seconda sessione di gioco l'aveva segnata visto che si trovava in perdita di più di 100€.
Ora Iolanda stava vivendo una nuova esperienza introspettiva attraverso la quale era giunta alla conclusione di avere una reale propensione al rischio.
La voglia di giocare alle slot machines aumentava giorno dopo giorno un po' per sfida e un po' per l'adrenalina che le iniziava a mancare. Perfettamente una settimana dopo si trovò di nuovo in sala slot e decise di mantenere quel tipo

di frequenza, ovvero promise a sé stessa di non giocare più di una volta a settimana. Che le piacesse o meno aveva già sviluppato una sorta di dipendenza che cercava di limitare con questa regola di frequentazione.

Nella terza esperienza di gioco Iolanda staccò un entusiasmante ticket da 80 €.

Una settimana dopo nella quarta esperienza di gioco vinse ancora ottenendo clamorosamente ben otto sessioni bonus di fila nella stessa macchinetta, e l'attivo totale fu di ben 340 €. Dopo un mesetto dalla sua prima giocata ora il morale era alle stelle, come erano ormai alle stelle sia la voglia sia il piacere che nutriva nei confronti di quelle sedute ludiche nella sua segreta gaming room.

Ma c'erano degli aspetti che la nostra signora delle slot non riusciva a notare da sola, dei cambiamenti nelle sue abitudini che le stavano abbassando la qualità della vita, e quei pensieri fissi e morbosi che le richiamavano ormai ogni giorno il vizio del gioco.
E così arrivarono le maledette quinta e sesta giornata di gioco. Forte del bottino conquistato nella quarta che risanò le perdite delle prime due giornate, Iolanda perse ben 200€ nella quinta e ancora finì il passivo di altre 300 € nella sesta. Ora per recuperare tutte le perdite che si erano sommate nelle ultime due terribili giornate, decise di alzare il limite di puntata cosicché potesse aspirare a vincite più generose e in minor tempo.

Il suo cervello era ormai entrato in "panico da perdita" quindi voleva provare di nuovo ed al più presto, la magnifica esplosione chimica positiva che aveva provato durante una lauta vincita. La nostra professoressa si trovava nel bel mezzo di quella tempesta perfetta che prima o poi ogni giocatore cronico si troverà a dover affrontare.

Cosicché fece saltare la regola ferrea del limite di una seduta di gioco per settimana, recandosi per la settima sessione già il giorno successivo. Le emozioni cambiarono insieme alla paura che aumentava vertiginosamente.
Questa volta Iolanda si recò sul luogo di perdizione scura in volto e molto tesa con ben 500 € nel portafoglio nel caso in cui dovesse combattere contro un'ennesima giornata negativa, quella doveva essere la giornata del riscatto e dopo aver ordinato il suo caffè direttamente in sala slot infilò la prima banconota da 100 €.

Ecco a voi i sintomi del giocatore d'azzardo cronico che ha perso il controllo della situazione. Analizzando gli ultimi comportamenti di Iolanda possiamo constatare alcune cose eloquenti. La prima è che aveva fatto saltare ogni regola a riguardo del budget da investire che era schizzato dalle 50 € iniziali a 100, poi da 100 a 200, ed ora in questa settima sessione di gioco fuori controllo era pronta a rischiarne 500.

Nel contempo, il morale era a terra e in quella giornata degli eccessi il tempo di gioco raggiunse l'incredibile record di 5 ore consecutive. Dalle 500 € investite si accontentò di tornare a casa con 350€, dunque un'altra perdita di 150 € ma con ancora un barlume di razionalità che le consiglio di fermarsi. Ora il pensiero del gioco era diventato davvero un'ossessione e tutto il resto risultava privo di importanza.

Iolanda si era persino scordata di lasciare del cibo per i suoi amatissimi gatti durante quella giornata di folle gioco d'azzardo, la casa era più trasandata del solito ma la voglia di rimettere a posto le cose sparse in ogni stanza era davvero poca. Cercò così di starsene per qualche giorno lontano da quella sala slot che da amorevole luogo di magici giochi potenzialmente fruttuosi si era tramutata in un tempio del male. Ma lo sapeva in cuor suo, doveva ben presto tornarci per aprire una nuova sfida, vincere e volare di nuovo in attivo costasse quel che costasse.

Ben presto arrivò il tempo per l'ottava sessione che Iolanda affrontò con altri 500 €. La puntata per ogni giro era piuttosto aggressiva e fissata in 2 €, tuttavia di tanto in tanto osava rischiare ben 3 o 4 € a giro, follia compulsiva.
Questa strategia di gioco frenetica e forzata le volatilizzò l'intero budget in un paio d'ore.

Le girava la testa e l'ansia aveva preso il sopravvento, per la prima volta da quando si era trasformata in una giocatrice d'azzardo seriale si dovette recare ad uno sportello bancomat per prelevare altro contante.
Nel tragitto fu afflitta da un profondo senso di vergogna con un immotivato terrore che qualcuno di sua conoscenza

potesse vederla entrare ed uscire da quella sala slot maledetta, del resto gli ex colleghi di lavoro come gli ex alunni potevano riconoscerla in ogni momento, lì, in quel famoso centro commerciale.

Quel giorno maledetto la macelleria finanziaria continuò a perpetuarsi, dopo altre tre ore di gioco che si andavano a sommare alle due precedenti Iolanda si ritrovò a mani vuote, mani che le tremavano dall'imbarazzo e dalla paranoia. Solo dopo aver raggiunto casa ed essersi sciacquata la faccia tirò un profondo sospiro e ammise tra sé e sé di aver sviluppato un'irrefrenabile dipendenza da gioco. Aveva bruciato l'intera pensione in due settimane.

Il senso di colpa ed il bisogno di controbilanciare la drammatica perdita economica, spinsero Iolanda a tagliare sulla spesa al supermercato, per esempio comprando cibo in scatola per gatti più economico, meno carne e meno prodotti biologici, saltando la seduta dalla parrucchiera ed evitando altre spese extra. Pur di arginare il senso di colpo e meritarsi una nuova sessione di gioco al più presto cercò di rinunciare a molte cose che abitualmente le piaceva fare o comprare, dunque era ufficialmente diventata una schiava della dipendenza dal gioco d'azzardo.
Altre giornate nere, qualche giornata gloriosa, e ancora sconfitte, il bilancio diventò via via più drammatico e Iolanda dovette pensare alla resa, ne andava seriamente della sua salute psico-fisica.

Quando giungiamo alla parte più crudele di questa dipendenza con gli effetti più profondi che si scatenano su ogni singolo giocatore qui raccontato, preferisco tagliare piuttosto corto. La parte del narratore sadico mi calza perfettamente ma preferisco attenermi allo scopo di questo libro, ovvero essere un denunciatore del gioco d'azzardo che prova a percepirne le sfumature più disparate, e attraverso queste storie cercare di dare alcuni consigli nel tentativo di aiutare chi ne cade vittima.

Tornando a Iolanda concludiamo questa esperienza confermandovi che la sua perdita raggiunse i 30.000 € in circa un anno, tra pianti e tormenti che si teneva dentro insieme ad una depressione profonda.

Ma qualcosa un giorno scattò dentro lei e si rassegnò all'idea di chiedere aiuto ad un suo ex collega professore di psicologia, il quale a sua volta le consigliò il Dott. Randelli, un bravo specialista psichiatra esperto in problemi di dipendenza patologica. Il feeling tra lei e il dottore fu subito buono e Iolanda visse gli incontri con lo psichiatra come un modo per guardarsi dentro più a fondo e capire cosa veramente l'avesse spinta a lasciarsi andare a tanta miseria, sia nelle intenzioni sia finanziaria.

Il Dottore psichiatra Randelli si mostrò un'anima sensibile e generosa nell'ascolto di ogni dettaglio che faceva parte della vita di Iolanda, accompagnandola gradualmente all'uscita di quel terribile labirinto psicologico che era stato per lei il gioco.

Dopo qualche mese dal superamento di quella esperienza di vita Iolanda esorcizzò il suo tuffo nell'azzardo organizzando un incontro con le amiche del bridge, passandole a prendere una ad una in macchina fino all'abitazione della partecipante che aveva i maggiori problemi motori e che quindi non poteva muoversi di casa.

Si rise, si scherzò, ci si emozionò e si cominciò puntando solo 10 € a testa che furono sufficienti per l'intera serata (regalando un po' di adrenalina e competizione), altroché slot machines! La vera cosa importante che Iolanda riuscì di nuovo a percepire dopo tanto tempo fu il calore delle sue amiche, la protezione che suscitava la loro compagnia, la potenza dell'amicizia impossibile da paragonare con la misera solitudine drammatica che aveva provato ogni volta che si rinchiudeva dentro quella tetra sala slot.

Ancora una volta la prova chiara che il denaro non può e mai potrà comprare l'amicizia disinteressata e la felicità quotidiana insita nelle piccole cose, altra frase fatta che non può essere però compresa fino al momento in cui non ci si trovi a vivere una qualche crisi profonda a livello personale.

7

HARVEY THE WOLF OF WALL STREET

Un manager di successo della Silicon Valley che tra la fine degli anni Novanta ed il primo decennio dei 2000 aveva accumulato una fortuna grazie alla rivoluzione digitale. Vi presento Harvey l'affascinante uomo nato a Los Angeles, con la passione dei viaggi che lo hanno portato a visitare più di 50 paesi nel mondo. Alla soglia dei quarantacinque anni già due matrimoni alle spalle ma nessun figlio, libertà ed apertura mentale erano i principi fondamentali della sua personale visione della vita.

Una punta di diamante anche dal punto di vista sessuale il mitico Harvey, adorava organizzare festini in moderni e lussuosi appartamenti e hotels, i suoi ospiti erano bellissime modelle e transessuali di qualità sopraffina dalla femminilità invidiabile.

Quando raccontava di certi giochi erotici e dell'atmosfera di quei contesti bollenti, i suoi occhi s'infuocavano di quel misto di passione e perversione che solo alcuni sanno riconoscere. Un vero amante dell'erotismo senza troppi tabù.

La vita gli aveva regalato anche una salute d'acciaio, fascino, successi, che sommati per l'appunto agli innumerevoli viaggi e al divertimento a profusione, lo facevano somigliare allo scaltro e bravissimo Leonardo di Caprio nell'interpretazione del protagonista in "The Wolf of Wall Street".

Così è come Harvey apparì al mio cospetto, sfoggiando a più riprese il suo luminoso sorriso alla Joker di Batman che rispecchiava un po' il mio.

Fu all'incirca questa la descrizione della sua vita che mi narrò passo dopo passo mentre giocavamo alla nostra slot machine preferita "Lighting Link". Ma una seconda parte più deleteria e oscura me l'avrebbe poi confidata in un secondo momento. Solo dopo essersi fidato un po' di più del mio sorriso italiano altrettanto smagliante.

Ci trovavamo entrambi al Cosmopolitan casino di Las Vegas, ed entrambi eravamo lì per il gusto di giocare e staccare dalla vita reale per qualche giorno. Era uno dei migliori vicini di gioco che mi potessero capitare sia per la sua schiettezza, sia per la sensibilità con cui alternava lunghe chiacchierate di compagnia ad altrettanto lunghe pause silenziose con lo sguardo fisso sul monitor.

Ma drink dopo drink e puntata dopo puntata andammo oltre alla parte bella ed entusiasmante delle nostre vite, finimmo per confidarci sulle esperienze vissute nel mondo del gambling, poi lui si volle liberare di alcuni incubi del passato provati nel mondo del trading finanziario.

Entrambi avevamo avuto molte esperienze in questo tipo di investimenti ad alto rischio utilizzando piattaforme on line, ed entrambi avevamo riso e pianto eccitandoci per le scariche di folle adrenalina impossibili da descrivere. Notando la mia disponibilità nello sbottonarmi senza vergogna anche sulle brutte perdite subite, Harvey volle aprirsi parimenti, raccontandomi delle sue peggiori esperienze da trader d'assalto.

Dopo aver ascoltato le sue esperienze da montagne russe in quel mondo di pochi squali e tante pecore, mi sentii proprio un pezzente (pezzente, un termine sul quale io e un mio caro amico di nome Bruno, amiamo ironizzare).
Voglio dire che al massimo io avevo guadagnato o perso una decina di migliaia di Euro in pochi giorni, il nostro caro "Wolf" Harvey aveva bruciato anche centinaia di migliaia di dollari per singola giornata, mentre altre volte aveva guadagnato valute per il valore di interi appartamenti. Ma in questa sede ci focalizzeremo sul suo periodo più deleterio ed autodistruttivo, quello che mi fece venire la pelle d'oca quando ero lì ad ascoltarlo fissando i suoi occhi pregni di un misto di eccitazione, paura, follia e redenzione, tutto quanto insieme.

In una pausa di gioco atta al riposo degli occhi ed allo sgranchire le gambe, ci venne l'idea di mangiare qualcosa, proposi un trancio di pizza. Così invitai il genio del trading a mangiare una pizza nel famosissimo eppur solo per pochi "The Secret Pizza", una pizzeria al taglio non segnalata e al quanto nascosta, raggiungibile dal secondo piano dell'area commerciale del Cosmopolitan casino.

Per riuscire ad arrivarci senza possedere precedenti indicazioni sarebbe necessario buttare l'occhio tra una boutique e un ristorante asiatico, così da notare un'entrata di un tunnel lungo circa quindici metri che vi proietterà all'interno della pizzeria, grande in totale una cinquantina di metri. Penso che quel luogo sia conosciuto per di più via passaparola (io ne ero venuto a conoscenza grazie alla dritta di una giocatrice inglese con la quale avevo scambiato qualche parola nelle giornate precedenti).
In ogni caso la pizza non è affatto male considerando che è in stile americano, comunque lungi dall'avvicinarsi ad una di quelle uniche, vere, italiane.

Harvey parlò parecchio in quell'ora di "non gioco" seduti sugli sgabelli del "The Secret Pizza" ed illuminati dalle ulteriori lucine di un vecchio flipper esposto sulla nostra destra come arredamento.
Mi parlò dei grandi soldi guadagnati sulle speculazioni attuate prima della grande crisi del 2008, e ancora delle perdite abnormi che lo avevano portato alla semi-depressione durante la crisi del 2011, quando tuttavia i guadagni furono ben più difficili da realizzare.
Mi raccontò di come il trading sia controllato e mosso da gruppi di potere che non sono altro che associazioni segrete di investitori che posseggono grandissima liquidità, quindi che possono muovere tutti insieme i trend di ogni mercato

ove si inseriscano con le loro enormi masse di danaro liquido.

Le cosiddette "Whales" balene. E poi ancora mi raccontò di quando iniziò a perdere giorno dopo giorno, settimana dopo settimana, fino a ridursi senza più denaro liquido. Per fortuna aveva acquistato una moltitudine di immobili e oggetti di valore durante gli anni d'oro a cavallo tra la fine dei novanta ed il primo decennio dei duemila.
Quindi dovette dismettere e liquidare un paio di case di lusso per poter rientrare nel giro del trading, ma solo dopo essersi ripulito, pulizia mentale che durò ben due anni.

Nel periodo di sbandamento Harvey fu travolto da una quantità di eventi ed azioni deleterie che lo fecero sprofondare. Le cose che descrisse come le più provanti erano la vergogna, la delusione, l'imbruttimento fisico, l'isolamento, l'utilizzo in quantità di cocaina che lo portarono ad alcune crisi di panico accompagnate da stati depressivi. Allontanò da sé una grande quantità di amici, di prostitute, di conoscenti per lo più opportunisti, persino la sua stessa famiglia, le ex mogli. Si prese un intero anno sabbatico dove viaggiando in Europa prima e in Asia ed Australia poi, resettò rispetto a tutto quel che era stato nel decennio precedente.

Così ad un certo punto sollevo la sua bottiglia di birra e la schioccò contro la mia dicendomi:

"Caro Andrea la merda che dovetti mangiare durante il 2011 fu anche la medicina che mi ripulì da cose e persone che erano ormai divenute malsane per me, troppe ed ingestibili tutte insieme".

Si riferiva agli amici falsi, alle ex mogli troppo pretenziose, alle puttane e ai pusher che pretendevano di essere diventati dei dipendenti a libro paga. Tutti spariti e tutti calati su un profilo ben più basso quando Harvey dovette affrontare quella bancarotta seguita dalla sua crisi personale.

Solitamente quando sono certo di aver provato le stesse esperienze che il mio interlocutore mi sta raccontando, mi viene spontaneo annuire dicendo che pure io avevo vissuto lo stesso. Ma nel vivere e viaggiare ho imparato che queste affermazioni da egocentrici sono tristi, poco nobili e soprattutto inutili.

C'è un tempo per parlare, uno per pensare e uno per ascoltare e basta. In quel contesto gli diedi solo una pacca sulla spalle e gli dissi che era un grande, e che non so proprio cosa avessi potuto fare per gestire situazioni del genere se mi fossi trovato nella sua condizione, situazioni dal valore enorme sia economico, sia interpersonale, sia fisico.

Del resto, i miei erano solo spiccioli rispetto ai suoi, quelli che avevo perso durante le mie esperienze negative col trading finanziario intendo dire, e non mi ero mai disperato grandemente, ma in quel momento ero lì ad ascoltare la sua storia e volevo solo regalargli tutta la mia comprensione ed ammirazione. Restare uno spettatore e non cercare di buttarmi a tutti i costi sul palco assieme a colui che mi voleva mostrare la sua personalità come in un confessionale, spogliandosi di ogni cosa. Così, anche se mi conosceva solo da qualche ora, un puro sconosciuto compagno di slot.

Ma il top della conversazione fu il racconto del suo viaggio intercontinentale come medicina per superare quella crisi di mezza vita, e su questo argomento ovvio che dovetti intervenire raccontandogli pure la magia che avvolse i miei di viaggi in Asia. Quei viaggi del cambiamento, quei 7 mesi tra il dicembre 2014 e il giugno 2015 che mi segnarono per sempre e mi fecero siglare un salto spirituale evolutivo non da poco.

Condividemmo tramite i racconti reciproci quel vivere una vita totalmente nuova, impossibilitati a comunicare con le persone di prima nello stesso modo di prima, l'impossibilità di amare come prima persino quelle persone che si adoravano. Ma tutto questo non per cattiveria ma solo perché in quel periodo dovevamo rinascere veramente, quando sei solo tu con Dio.

Dio nei nuovi mari con le nuove spiagge, le nuove montagne con le nuove colline vicine, tutto incredibilmente familiare anche se era la prima volta che lo vedevamo quel paesaggio e quel paese.

Le persone, semplici, cordiali, il riflesso della loro disponibilità su di noi, il riflesso della gentilezza e della bontà d'animo che tornavano in noi. Ci capivamo su tutta la linea filosofica e spirituale e non potemmo che condividere più di un brivido da pelle d'oca raccontandoci in quei termini.

Realizzai che spogliato da ogni competizione dell'ego Harvey era un grande uomo, uno positivo, generoso, un umano di quelli che sorridono sempre anche in periodi di difficoltà, di quelli che continuano a sorreggere, ascoltare e condividere anche quando stanno attraversando un periodo di merda.

E questa è solo la mia personale prosa delle parole che stavo ascoltando quella volta, laggiù nel deserto del Nevada, in quella meravigliosa fittizia città dell'azzardo, in quel bellissimo casino, in quel box chiamato "The Secret Pizza" dove stavo vivendo una vita da film.
Ed Harvey raccontava, e io sentivo che il mio viaggio in Asia mi aveva dato le sue stesse cose. Giusto il vivere una vita numero due, dentro la vita numero uno, dove a tratti ci si può tornare, per poco tempo o per molto, quello poi si valuta strada facendo. Essere dei vincenti che sanno amare e che considerano le crisi di vita come eventi benedetti, per evolvere.

E poi Harvey tornò rilassato, disteso e mi raccontò come vendendo appunto due immobili di grande valore si rimise in sesto con la liquidità necessaria per riprendere a fare buoni investimenti ma dal rischio quasi totalmente calcolato. E così riprendere pure la sua vita di eccessi a tratti, ma mai deleteri ed estremi come prima.

E lo so, sarebbe bello continuare a parlare di Harvey e la sua vita sfrenata, tuttavia questo libro più che un racconto romanzato vorrebbe essere informativo ed utile a responsabilizzare coloro che si siano persi in questo folle mondo dell'azzardo. Se potessi aiutare anche una sola persona ne sarei entusiasta, aiutare a guardare la dipendenza da gioco come un qualcosa da moderare, da correggere, da interrompere, da far scivolare nell'alveo rassicurante del piacere senza eccesso, un eventuale hobby che non diventi ossessione. Comunque, dopo un'altra oretta di gioco gomito a gomito io ed Harvey ci salutammo, per me era giunto il momento di tornare in camera per un po' di riposo visto che erano ormai otto ore che mi aggiravo per le sale del Cosmopolitan Casino tra giocate, bevute, chiacchiere, pizze e tutto ciò che vi ho raccontato fin qui.

Con la dipendenza da gioco, ognuno può reagire in maniera differente, infinite sfumature e livelli di gravità del problema, quindi a voi l'interpretazione.

Per i lettori che erano qui giusto per curiosità chiedo di darmi fiducia e leggere in futuro i miei racconti di viaggio ed erotici, il fare l'amore con donne diverse incontrate lungo la mia vita, lo scambio energetico incredibile del sesso, le perversioni, anch'esse parte della natura umana. Tutto questo nella collana "Amore, Sesso, Consapevolezza" che sarà composta da una decina di esperienze con l'altro sesso vissute durante i miei viaggi in giro per il mondo.

Ma per quanto riguarda questo di libro devo approfondire il tema della patologia della dipendenza dal rischio, a voi la seconda parte de "Il giocatore d'azzardo".

"THE GAMBLER"
IL GIOCATORE D'AZZARDO

SECONDA PARTE

PROFILO DEL GIOCATORE PSICOLOGIA E SOLUZIONI

- 8 -

L'INFANZIA E IL PASSATO

Ero ancora un bambino quando il mio grandioso babbo si chiudeva in salone o talvolta in cucina, in totale privacy e giornali sportivi alla mano. Mia mamma gestiva un negozio, quindi non tornava mai prima di sera. Lui un impiegato alle poste poteva godere di un favoloso turno che iniziava alle 7:30 del mattino e finiva verso le 2 del pomeriggio, sabato e domenica liberi. Un padre con pochi vizi, visto che i suoi principali obiettivi erano quelli connessi all'evoluzione della propria famiglia, far studiare me e le mie 2 sorelle, comprare casa garantendoci una continuità e una sicurezza per il futuro, risparmiare il più possibile e raramente regalarsi qualche piccola vacanza con mia mamma a pochi chilometri dalla nostra città.

Lui amava compilare settimanalmente una schedina del Totocalcio (scommesse sulle partite di calcio italiane) e talvolta una del Totip (scommesse sulle corse dei cavalli italiane) che negli anni 80 e 90 erano i giochi dei monopoli italiani di Stato più famosi e inflazionati. In quei tempi non esisteva la moltitudine di giochi d'azzardo d'oggi, internet non era ancora realtà né tanto meno le applicazioni per smartphone che oggi rendono tutto così fruibile e permeante. Non c'erano tutte le lotterie ed i giochi d'azzardo del nostro tempo: Superenalotto, Winforlife, Gratta e Vinci, scommesse sportive online, trading finanziario on line ecc.

Io ero un bambino amante del calcio e spesso mi mettevo seduto al suo fianco per stilare insieme il miglior pronostico per la domenica successiva.

Era divertente osservare la cabala, le statistiche, i giocatori infortunati, le cosiddette "bestie nere" (ovvero alcune squadre che in media battevano sempre le stesse avversarie qualora le affrontassero, loro vittime predilette), e quant'altro di utile da analizzare.

Era soprattutto un momento sacro tra padre e figlio dove potevamo immergerci nel nostro mondo fatto di pronostici e statistiche, consumando anche la merenda insieme. Quando arrivava la domenica, con essa sopraggiungevano l'eccitazione e la suspance, per via dei risultati che uscivano man mano. E via ad ascoltare la radio dell'auto con i finestrini o gli sportelli aperti, parcheggiati nei pressi di un parco. Tra il primo ed il secondo tempo una mela, un pacco di cracker e una bibita.

Così io e il mio caro babbo andavamo spesso in giro per la città e capitando nei "suoi" bar o ricevitorie preferiti. Sapete la cabala e la superstizione sono importanti fattori per la maggior parte dei giocatori; quindi c'era il bar dove in passato si era già vinto che era la prima scelta, poi c'era il bar dove si faceva un tentativo ma poi non si tornava più perché il barista parlava troppo e guardava pure troppo, giudicando la tua compilazione e le tue scelte. Eh no!

Non andava bene perché le sue osservazioni e il suo sguardo sulla nostra sacra schedina portavano sfiga!

Oltre ai giri per bar e ricevitorie mio babbo aveva un paio di amici con i quali giocava "in società".

Questo termine per dire che unendo il capitale, lui e il suo "socio", potevano contare su di un budget maggiore e quindi aumentare le probabilità di vittoria, coprendo un maggior numero di pronostici.

Quindi a volte passavamo a trovare "Oreste il guastafeste", un omino pelato buonissimo (lo chiamavamo così giusto per fare una rima) che svolgeva il suo lavoro come calzolaio nel nostro quartiere.

Oppure si andava da "Gianlucone il parruccone", così denominato perché era alto forse più di un metro e novanta, esile, con una massa di capelli neri non indifferente.

Quando mio babbo si confrontava con passione con i suoi "soci" io gironzolavo per il negozio di Oreste oppure mi aggiravo per il giardino di casa di Gianlucone.

Talvolta si invertivano le situazioni, ovvero gironzolavo nella piazzetta adiacente il negozio di Oreste oppure mi sedevo sul divano nel salone di Gianlucone guardando la TV.

Nei nostri pomeriggi tra padre e figlio capitava anche di andare in sala giochi che per intenderci non erano sale scommesse vere e proprie come oggi, in Italia negli anni 80 e 90 non c'erano le aree slot e bingo ma si giocava solo ai video games. Poi a metà anni 90 introdussero le prime slot machines ma sulle quali si potevano giocare solo gettoni nel tentativo di vincerne altri. Al limite in caso di laute vittorie si rivendevano i gettoni "in nero" agli altri colleghi giocatori applicando uno prezzo al gettone vantaggioso (rispetto al salato prezzo alla cassa), o ancora si prendevano dei premi materiali scambiando i gettoni direttamente alla cassa della sala giochi.

Parlando dell'ambiente delle sale giochi, che un tempo non ricoprivano anche il ruolo di "casino" come oggi, voglio raccontarvi un aneddoto che rimarca il valore dell'amicizia, specie quella che nasce nei periodi dell'infanzia e che può durare in eterno. L'ingenuità pura dei bambini in contrasto col vile denaro ed i vizi patologici annessi che non potranno mai competere con i rapporti umani tra le persone di cuore che si consolidano nel tempo.

IL MIO SHOCK PER UN RIFIUTO PIENO D'AMICIZIA

Molte domeniche dopo la rituale messa del mattino ed il lauto pranzo familiare che seguiva, mio padre assecondava le mie pedanti richieste per andare a fare "un giro" in sala giochi. Li potevo ipnotizzarmi davanti ai miei video game preferiti, incontrare amici e lui non si annoiava più di tanto. Talvolta si sedeva al mio fianco guardandomi giocare divertito e altre volte chiacchierava con gli altri padri seduti sui divanetti dell'area ristoro, in attesa che i figli si sfogassero. La sala giochi "Central Park" di Rimini che poi diventerà negli anni a seguire il ritrovo fisso del sottoscritto e di molti degli amici storici che frequento tutt'oggi.

Non riesco a ricordare con precisione quanti anni avessi ma ricordo nitidamente quell'aneddoto perché si impresse nella mia memoria come una sorta di shock. Tutti voi avrete qualche ricordo che si è fissato nell'età infantile, mentre tante altre cose non le riuscite proprio a riesumare dai meandri della mente. Ogni qualvolta ricordiamo un evento che è accaduto molti anni addietro è sempre per via del suo peso, che sia in negativo o che sia in positivo.

Quel pomeriggio domenicale ero appena entrato in sala giochi tenendo la mano del mio caro babbo Vittorio e ci stavamo dirigendo verso la macchinetta automatica dei popcorn. Li sfornava in 3 minuti e potevano essere salati o zuccherati al bancone della cassa dove sulla destra era stato allestito un vassoio con 2 contenitori in vetro, uno per lo zucchero e uno per il sale. Nemmeno il tempo di inserire le 500 lire per far partire la cottura automatica che venni stordito dall'esuberante arrivo di uno dei miei più cari amici, di quelli sensibili quanto particolari che ancora oggi frequento con rispetto e profonda confidenza.

Uno di quelli che possono custodire segreti o consigliare su argomentazioni private o all'occasione imbarazzanti.

Un sorriso a trentadue denti, un'energia straripante e quel bisogno di contatto fisico immediato erano le sue più tipiche caratteristiche. E quel giorno l'impatto fu tanto esuberante da spostarmi fisicamente di un metro buono, la sua mano afferrò la mia spalla sinistra e lui esclamò:

"C'è Andrea, c'è Andrea!"

Ed io col mio sorrisone altrettanto largo e compiaciuto:

"Grande Casali! Ciao." (chiamandolo per cognome)

E fin qui era tutto normale per me, ovviamente ero felice per la sua emozione e per il fatto che avremmo potuto condividere i nostri viaggi fantasiosi insieme scorrazzando in lungo e in largo per la sala giochi e partecipando alle sfide "in doppio". Io sacrificai i popcorn al cospetto della sua apparizione col botto, forse è meglio dire che mi scordai proprio di acquistarli. Ma quello a cui stava per rinunciare il caro Alberto fu così eclatante da scioccarmi, restando indelebile nella mia memoria e diventando il nostro "aneddoto di battaglia" quando siamo a ricordare gli eventi dell'infanzia. Ecco come andò:

Dopo il saluto descritto sopra intervenne prontamente il babbo di Alberto e con la sua voce squillante ad accenti aperti chiese al figlio:

"Alberto dai compra un po' di gettoni così giocate insieme no? Tieni i soldi!".
Proponendo al figlio una banconota da cinque mila lire che all'epoca potavano fruttare una buona manciata di gettoni.

"No babbo, non mi servono è appena arrivato il mio amico Andrea!... Andiamo Andrea!".

Rispose con fermezza il piccolo Casali senza aprire ad alcuna possibilità di replica. Continuò a tenermi per il braccio spingendomi verso l'area jukebox, anch'essa munita di alcuni divanetti disposti ad elle ove ci si poteva rilassare ascoltando la musica offerta da chiunque volesse condividerla. Cosa facemmo dopo o quale altra direzione prendemmo non riesco proprio a ricordarlo, lo shock del rifiuto dei gettoni fu quello intorno al quale si fissò la mia memoria.

Mio padre durante tutto questo rimase solo un sornione spettatore.

Questo aneddoto risalente ad almeno trenta anni fa mi ricorda ancora oggi il valore dell'amicizia. La gioia di un bambino nel rivedere un caro amico, quindi non servivano i gettoni o altro denaro per suggellare l'incontro, bastava la felicità di quel tempo da trascorrere insieme con la fantasia come volano per il divertimento.

Lo shock di allora stava proprio nel fatto che Alberto aveva rifiutato dei preziosi gettoni giusto per condividere del tempo con me, incredibilmente senza neppure pensare che avremmo potuto investirli in qualche partita insieme, commentandone le avventure. Lui voleva parlare faccia a faccia di qualcosa di reale e legato alla vita quotidiana, magari parlare di cartoni animati, di scuola o di amici in comune. Lo lasciai parlare per un po' e ovviamente non gli rinfacciai nulla poiché seppur bambino avevo compreso il valore di quel gesto.

Quei gettoni tanto ambiti che spesso era difficile scucire ai rispettivi padri, stanchi di spendere a più riprese per qualcosa di così futile come l'investimento in partite ai video games. Accidenti quanto dovevo insistere a volte per farmeli comprare, specie per la seconda volta nella stessa giornata.

Mai e poi mai nella mia giovane carriera da giocatore di video games mi sarei permesso di rifiutare una proposta simile da parte di mio padre, specie se l'avesse fatto come atto di cortesia nei confronti di un amichetto.

Anzi poteva essere una leva meravigliosa per ottenerli, eppure Alberto non l'aveva sfruttata. L'amicizia insomma non ha tempo, non ha età e soprattutto non si fonda sul valore materiale delle cose.

Materialismo che oggi ottiene un ruolo inconcepibilmente importante nella scala dei valori, diventando uno dei cancri sociali del terzo millennio e fonte di molte patologie come quella che stiamo affrontando in questo libro.

L'ADOLESCENZA E IL VIZIO CHE CRESCE

Spero di non avervi annoiato con questo racconto personale ma era fondamentale per farvi intravedere il punto focale di questo ottavo capitolo. Ovvero tutte quelle giornate vissute all'età di 7-13 anni mi avevano reso un potenziale giocatore d'azzardo perché quando si è bambini si assorbono concetti e abitudini come spugne.

Non voglio assolutamente gettare colpe su mio padre che per me è un uomo incredibile; ha sicuramente commesso i suoi errori nello svolgimento del difficile compito del genitore ma non mi ha mai fatto mancare nulla ed è stato molto affettuoso, di una bontà rara da trovare, e oggi lo continuo ad amare con tutto il cuore. Però per coerenza devo ammettere che le attività svolte ed il tempo trascorso insieme a lui, sono stati fattori determinanti nel mio sensibile processo di maturazione e passaggio dall'infanzia all'adolescenza.

E così dai 14/15 anni iniziai ad essere attratto dal gioco d'azzardo con intensità. Giocavo al poker con gli amici seppur poche lire giusto per creare un po' di adrenalina, poi frequentavo quasi tutti i giorni la sala giochi vicino a casa che era anche il punto di ritrovo con tutti gli amici.
Quindi giocavo ai video games e alle slot machines frequentemente.

Dopo la maggiore età iniziai a far diversi viaggi di piacere perché amavo investire i primi stipendi guadagnati in viaggi principalmente all'estero.

Ogni volta che una città internazionale era dotata di un casino era mia premura farci un giro, così la mia prima esperienza in un vero casinò fu a Praga tra il Natale e il Capodanno del 1999, poi Las Vegas nel 2004 e poi Amsterdam nel 2011. Dopo queste esperienze arrivò Macau e ancora due volte Las Vegas.

A volte vincevo e a volte perdevo ma sicuramente il bilancio era tendenzialmente negativo man mano che le mie visite in quei regni dell'effimero aumentavano, per lo meno visto che il viaggio nel complesso costava abbastanza. Ma del resto c'è chi spende in vestiti firmati, chi in auto, chi in gioielli o droghe, io mi spendevo i miei soldi extra con quel che mi faceva divertire. Viaggi, sesso e qualche seduta di gambling.

Tornando sul discorso iniziale quindi passai dalle schedine del Totocalcio alle sale giochi, dal poker con gli amici ai casino, fino al trading finanziario, posso affermare che avevo sviluppato una sorta di dipendenza da adrenalina da rischio, seppur controllabile.

Non voglio passare da eroe forte e diminuire le mie colpe cari lettori, tuttavia devo ammettere che pur giocando spesso non sono mai caduto tanto in basso da rovinarmi la vita o creare gravi problemi finanziari a me stesso o alla mia famiglia.

Certamente se avessi evitato questi ambienti probabilmente avrei il conto in banca più abbondante, ma sono fermamente convinto che i soldi non facciano la piena felicità.

Fidatevi se qui vi dico che è stata molto dura scrivere questo libro che non risulta nemmeno tanto lungo, e sapete perché? Proprio perché la pigrizia, i vizi della vita, e l'utilizzo del tempo libero in molte situazioni fittizie, mi hanno rallentato spesso. Non è semplice trovare l'ispirazione e soprattutto sacrificarsi nell'usare a fondo il cervello per creare qualcosa che sia almeno decente da poter essere sottoposto alla lettura di altri esseri umani. Ma per me questo piccolo libro, il primo mai scritto in vita mia, è fonte di grande orgoglio, è un qualcosa che ho portato a termine pensando di poter aiutare qualcuno che si sente solo e bloccato in questa dipendenza del futuro.

Quindi anche nei momenti di ozio più spiccato e di dipendenza dal gioco evidente, ogni santa volta dove mi sembrava di aver toccato il fondo perdendo anche cifre considerevoli, sono riuscito a ripulirmi per periodi più o meno lunghi. Terribile avete visto?
Ho usato la parola "ripulirmi", si, perché è una droga a tutti gli effetti la dipendenza dall'azzardo.
Dopo essere tornato in carreggiata più e più volte il vizio del gioco d'azzardo mi ha sempre inseguito fino ad ammaliarmi nuovamente, ma oggi succede con consapevolezza e con limiti non superabili.

Come vi ho anticipato nel capitolo precedente io considero la dipendenza dal gioco una patologia reale che agisce sugli stessi ricettori chimici e cerebrali ove intervengono le droghe di qualsiasi altra natura, e scusatemi se sono risultato e risulterò ripetitivo ribadendo il concetto più volte nel corso di questa lettura.

Per concludere riporto la vostra attenzione sul punto focale della prima analisi, ovvero sull'importanza della vostra infanzia e quindi del vostro passato.
Le abitudini quotidiane, i posti frequentati e persino i vostri genitori, e fratelli, e amici, tutti hanno influenzato il nostro modo di pensare e il nostro modo di essere.

Il gioco d'azzardo spesso nasce da comportamenti e insegnamenti che sono stati alimentati in noi soprattutto durante la giovane età. Dico questo per introdurvi nel prossimo capitolo che si collega perfettamente a quanto appena scritto, ovvero il disagio di non sentirsi abbastanza ricchi qualora si provenga da famiglie dalle possibilità finanziarie medio-basse. O la sensazione di inadeguatezza per i fallimenti trascorsi, o la frustrazione covata a causa dei rimproveri subiti da parte dei vostri cari, e così la nascita di quella tendenza a isolarvi e farvi del male come auto-punizione.
Il tarlo del denaro fa presa ovviamente su chi non ne possiede in grandi quantità ed espone al rischio di credere che esistano strade facili e veloci per guadagnarlo.
Ma non possiamo restare bambini o adolescenti a vita.

Il primo lavoro da fare è prenderne atto ricordandoci che il passato è passato, che non possiamo scaricare le colpe su terze persone o su vecchie esperienze né tanto meno maledire la nostra estrazione sociale giocandoci pure la dignità.

Dobbiamo pensare al presente come se la vita fosse appena iniziata, basta condizionamenti e basta continuare a seguire i vecchi errori altrimenti il vortice delle abitudini negative ci terrà intrappolati all'infinito.

SOCIETA' E SISTEMA NEMICI NASCOSTI

Nel capitolo precedente abbiamo parlato delle recondite influenze che provengono dal nostro passato, specialmente da quell'infanzia che è stata il cantiere dell'evoluzione della nostra vita futura. È molto importante considerare la pressione psicologica a cui veniamo sottoposti dalle pretese della famiglia, della società e del sistema delle cose a tutti i livelli.

L'evoluzione dell'umanità e quindi dell'essere umano è rapida e sconvolgente, il suo riflesso è ben visibile, per esempio, nell'evoluzione tecnologica che avanza sempre più rapidamente di decennio in decennio.
Il benessere ha sviluppato gradualmente una società dove il superfluo è diventato necessario.
Il consumismo vorrebbe imporci standard di vita sempre più aristocratici e molte persone al cospetto di questa competizione cadono in sofferenza o vivono in compagnia di uno stress cronico.

La sindrome del non sentirsi all'altezza rispetto ai canoni d'intorno.

Evoluzione non sempre significa progresso e questo lo sappiamo bene, discorso che si può estendere in tutti gli ambiti dell'umanità.

Oggi la competizione tra gli esseri umani è molto forte, come abbiamo appena detto l'apparire e quindi il dimostrare risultano più importanti rispetto a valori come l'umiltà e la condivisione.

Questo crea una forte pressione psicologica sugli individui e li sottopone ad un giudizio che non è sempre sostenibile.

Qualcuno è portato per vivere in questo contesto sociale estremamente competitivo e riesce ad eccellere, tuttavia la maggior parte delle persone stanno iniziando a soffrire il sistema degli eccessi sviluppando innumerevoli patologie anche connesse alle dipendenze, come la depressione.

IL GIOCATORE TIPICO E LE PRESSIONI ESTERNE

La sofferenza che tali "pressioni" possono imprimere risulta più spiccata sui soggetti sensibili o ipersensibili. Sembra paradossale ma il giocatore, specie quello perdente, ha spesso una personalità ipersensibile, buona e generosa. Tende ad interiorizzare i propri problemi, le proprie paure ed insicurezze trovando grandi difficoltà nell'aprirsi con il prossimo.

Questo non significa che non possiamo trovare giocatori d'azzardo con una forte personalità, boria e arroganza, ma anche questi soggetti diventando schiavi del gambling potranno manifestare problemi di equilibrio nella personalità. In cerca di adrenalina e nuove forti emozioni rischieranno tanto e sfideranno la sorte fino alla morte (ovviamente in senso metaforico, almeno si spera), e in caso di perdita rilanceranno la sfida ancora e ancora, vogliono vincere!

E così i giocatori d'azzardo sia buoni e passivi sia cattivi e arrembanti, continueranno per sempre a vivere in un mondo di conflittualità con la voragine della perdita totale spalancato innanzi a loro.

Come detto c'è anche qualche genio del gambling, del poker o del trading finanziario che riesce a lucrare e vivere sfarzosamente grazie a tali attività senza patire alcuna conseguenza. È ovvio che esistono geni anche in questo campo, o professionisti del selfcontrol e della statistica.

Tuttavia, non siamo qui per elogiare quell'1% di sgamati vincitori di professione visto che loro hanno una personalità e una storia totalmente differenti da quelle dei soggetti più deboli per le quali vogliamo trovare rimedi e soluzioni in barba alla dipendenza.

Dicevamo che anche la famiglia e gli amici senza volerlo direttamente (almeno è quello che ci si augura) possono metterci sotto pressione e alimentare stati di insicurezza e disagio che talvolta trovano sfogo nel gioco d'azzardo e nel rischio in senso più ampio.

Spesso i genitori non benedicono le scelte intraprese dai figli poiché sono propensi a educare in modo severo con l'obiettivo di fargli raggiungere risultati concreti.

Raramente si curano di capire quali possano essere i personali e reali talenti, le sfumature interiori dei figli che si riflettono nei loro sogni.

I genitori creano pressioni nel tentativo di spingerci ad eccellere nella vita seguendo un istinto primordiale adottato per rendere la prole forte e competitiva durante il cammino della vita. Talvolta i genitori sono assenti e diseducativi, in questo caso cambia poco visto che la mancanza di punti di riferimento e educazione sono un'altra causa scatenante dell'autolesionismo, la mancanza di regole che apre un'autostrada verso le dipendenze.

Quindi sia che i nostri genitori siano stati grandi educatori costringendoci a seguire regole ferree ma spesso in disaccordo coi nostri reali desideri, sia che siano stati diseducativi e spesso in disaccordo tra loro (padri e madri con idee opposte), in ogni caso siamo noi e solo noi gli artefici del nostro presente e del nostro futuro.

O per lo meno dovremmo pensare in questo modo, non possiamo fare del vittimismo e quindi dell'autolesionismo.

Perché in realtà nasciamo liberi e con libertà assoluta dovremmo esprimere noi stessi e le nostre capacità, tuttavia questa attitudine riceve delle interferenze non solo da parte dei genitori che tentano di educarci al meglio, ma anche dalle istituzioni e dai sistemi di comunicazione attivi intorno a noi.

Direttamente o indirettamente cercano di imporci la loro via e le loro verità che non possono combaciare sempre con la nostra vera natura, perché non siamo esseri umani standardizzati, non siamo robot sottomessi come molti poteri istituzionali vorrebbero vederci.

Gli amici sono un altro punto di riferimento non meno importante della famiglia e possono avere un'influenza molto forte soprattutto durante l'adolescenza.

Quante volte si sente parlare della prima sigaretta fumata in compagnia dell'amico che l'ha offerta in cerca di complicità? Idem per le droghe, idem per l'alcool, idem per il gioco d'azzardo. Come dicevamo sopra, un ambiente particolare con amici particolari, sono fattori che possono indurci a commettere i primi passi verso esperienze o abitudini nocive, quindi potrebbero essere la prima via di conoscenza del gioco d'azzardo.

Poi si possono pure creare torbide relazioni di vicinato con gli altri giocatori d'azzardo che ci fanno sentire "meno sbagliati". Ricordo ancora i tetri volti di coloro che giocavano alle slot machines di fianco a me nelle sale scommesse delle piccole sale giochi di città.
Ricordo le squallide battute tra una puntata e l'altra seguite da lunghi silenzi o improvvise imprecazioni d'odio contro la macchinetta. Per esempio:

"Ma che macchinetta di merda non paga un cazzo! Anche oggi mi ha chiavato 200 € in un'ora".

E quando qualcuno nei dintorni poteva godere di una lauta vincita tutti gli altri giocatori invidiosi e denominati "gufi", rosicavano a testa bassa, maledicendosi per aver scelto la slot machine sbagliata. Quel gelo delle sale scommesse o sale slot è tristemente attuale, molti sapranno bene di cosa parlo. È davvero questo il fradicio e misero contesto che ci meritiamo? È in queste fumose e squallide sale giochi o casino che vogliamo spendere il nostro prezioso tempo e i nostri denari?

Quindi a volte i comportamenti di familiari, amici e conoscenti ci influenzano pur non essendo attuati in malafede, come si suol dire "nessuno è perfetto". Comunque è come se ci stessimo guardando allo specchio, nel momento in cui ci troviamo dentro una tetra sala scommesse con altri elementi a noi simili, come condividere i propri fantasmi interiori in una stanza che renda il tutto meno solitario e avvilente.

Come dire "bhe non sono l'unico a giocare d'azzardo quindi va bene!", "non sono l'unico a scommettere ogni settimana sui pronostici delle partite di calcio quindi vado bene!". "È una convenzione sociale, tanto giocano tutti ormai!"

È qui che pure lo Stato con le sue leggi che dovrebbero sempre difendere i suoi cittadini, diventa sia vittima sia carnefice. Vittima per il grande danno sociale che comporta e per le ingenti spese sanitarie che la dipendenza da gioco provoca come ogni altra dipendenza da combattere, e carnefice perché è lui stesso il promotore di tali droghe legalizzate. Se si volesse vivere in una società coerente allora sarebbe meglio legalizzare la marijuana piuttosto che il gioco o ancora l'alcool, causa di danni sociali incalcolabili.

DA GIOCATORE LEGGERO A PESANTE

Ecco un esempio su come alcuni ambienti o situazioni possano diventare l'anticamera di una patologia da gioco. Oggi sono molto in voga giochi come il Fantacalcio dove ci si improvvisa allenatori e si compete con una stretta cerchia di amici, generalmente da 6 concorrenti in su.

Ovviamente per rendere il gioco avvincente ed eccitante spesso si introduce una quota di partecipazione, altrimenti quale eccitazione se la lotta finisse senza un vincitore che riceve un premio in denaro?

Qualche gruppo gioca con 50 € a testa, qualcuno con 100€ a testa e così via.

Non ci sarebbe nulla di male visto che è un rischio una-tantum e che l'investimento copre un anno intero di gioco. Purtroppo, in questi gruppi di gioco tra appassionati di calcio si sviluppa anche la voglia della scommessa sugli eventi che accadono durante le singole partite. Puntate sui risultati esatti delle partite, puntate sul numero di goal segnati, su quale giocatore segnerà per primo, su quanti calci d'angolo saranno assegnati alla tal squadra o su una serie di tante altre combinazioni che le aziende di scommesse si sono inventati nel corso degli ultimi anni.

Si parte dal Fantacalcio poi si condividono i pronostici sulle partite del fine settimana e via via a spendere cifre sempre più considerevoli in scommesse.

La droga del gambling non dà scampo e man mano che le sconfitte accumulate aumentano, pure la posta in gioco aumenta, nel famoso tentativo di recuperare le perdite regresse. Si inizia puntando poco solo per l'ebrezza di provare, ma poi la situazione evolve e può sfuggire di mano.

In caso di perdite reiterate la psiche che è piuttosto esigente, tanto affascinante quanto perversa, invierà segnali di rivalsa sempre più forti. Le sensazioni di fastidio e profondo disagio che proviamo ad ogni perdita, vorranno essere sostituite da sensazioni di piacere ottenibili solo con vittorie successive.

Si apre un circolo vizioso che porta inevitabilmente dentro la prigione della dipendenza. Nel momento in cui vinciamo scatta una seconda trappola, perché sentendoci fieri e capaci punteremo più pesantemente, fino a ricadere dentro il circolo vizioso delle perdite seriali.

Siamo fregati, è iniziato il loop mortale.

Tendenzialmente è proprio come avete appena letto: che si inizi con una sconfitta oppure con una vittoria se non siamo abili nell'autocontrollo, nella moderazione dei budget e delle giocate, finiremo col perdere ingenti somme. Chiunque sia predisposto a diventare dipendente dal gioco, in queste situazioni sociali potrà diventarne schiavo in men che non si dica.

TANTE PECORE MA POCHISSIMI LUPI

Una domanda molto utile di questi tempi è questa: come possiamo vivere sereni in questa società consumistica se non siamo ricchi? Quasi tutti amano e vogliono i soldi, vestiti firmati, la macchina potente, smartphone di ultima generazione, la bottiglia di champagne da aprire in discoteca, la vacanza vip nelle isole caraibiche, tanto cash da spendere.

Potremmo definire questi desideri come legittimi e umani ai tempi nostri, ma non è stupido confidare nel gioco d'azzardo per ottenere soldi facili? È evidente che per la maggior parte dei giocatori d'azzardo l'unico risultato ottenibile sarà l'autodistruzione finanziaria e psicologica.

Anche il trading finanziario che oggi viene sdoganato e pubblicizzato come un facile modo di fare soldi in tempi brevissimi, nasconde insidie enormi e la percentuale di vincenti al cospetto dei perdenti è davvero bassa, come dicevamo ogni 100 pecore si trova un lupo.

Possiamo quindi dire che in media 99 giocatori inesperti perderanno sistematicamente, mentre uno sgamato trader finanziario che conosce molto bene gli isterici andamenti dei mercati, guadagnerà ingenti somme.

Diventare schiavi delle regole di questa società moderna può essere davvero facile e non solo dal punto di vista filosofico e del conformismo alle regole, ma si diventa schiavi anche quando si è vittime del "sistema" dove il "lupo mangia la pecora".

Il povero così diviene sempre più povero, vittima stessa della sua ignoranza, e il ricco sempre più ricco forte della sua posizione dominante. Il detentore del potere vivrà nell'agio sempre più estremo in barba ai deboli perdenti, perché è il capitalista finanziario stesso che muove il mercato.

Chi detiene il 90% dei capitali mondiali venderà o acquisterà assets di ogni sorta decidendo i movimenti dei mercati e mungendo ovviamente il restante denaro liquido immesso dai poveri "followers" (inseguitori senza basi né capacità, non in possesso di notizie segrete o anticipate che posseggono i grandi manovratori del sistema economico globale).

Ovvio che esistono anche buoni investimenti dalle rendite miracolose, ma sono singoli casi di successo ove gli investitori hanno scelto la giusta realtà, una reale azienda che ha avuto successo. Pensate chi comprò le azioni di Amazon a 1 $ e oggi si ritrova con il suo investimento iniziale moltiplicato per 2000. Si, perché oggi le azioni di Amazon valgono intorno i 2000 $ ciascuna.

Non è forse più sano e produttivo stare nel rassicurante ed emozionante mondo dei "non rischio"?

Essere indipendenti e liberi. Magari non saremo ricchi sfondati ma ci potremo gustare un aperitivo con gli amici al posto dello spendere la banconota da 50 € nella slot machine in triste solitudine, fumando nervosamente venti sigarette in due ore. O magari potremmo godere di un bel weekend in montagna invece di bruciare 250 € in poche ore su una piattaforma di trading online.

E perché no, andare allo stadio a goderci l'avvincente partita della squadra del cuore, invece di bruciare 150 € in scommesse da seguire sedentariamente sul divano. Magari saremo liberi e felici di vivere una vita vera e non virtuale.

- 10 -

LA NOCIVITA' DELLE IMPOSIZIONI

Devo fare i soldi! E così... Non li farai mai. Il nostro subconscio lavora sempre, che ci piaccia o meno, provando a neutralizzare gli istinti connessi alle nostre ambizioni terrene che ci inaridiscono. Dobbiamo sempre ricordarci che siamo esseri umani e nel nostro DNA si racchiude una grande voglia di semplicità, di contatto con la natura, di lavorare in gruppo con gli altri esseri umani e di essere amati. Ma come abbiamo già detto la società e gli staus-symbol di oggi ci mettono sotto stress e ci spengono, questo perché non è possibile che ognuno di noi sia portato alla mera produttività, al mero raggiungimento di scopi e risultati economici, o all'apparire ad ogni costo in competizione perenne con gli altri esseri umani.

E così il dannato bisogno di fare soldi e di soddisfare gli innumerevoli futili bisogni dei tempi moderni, ci possono far cadere nei circoli viziosi delle illusioni.
Ma la parte più pura e profonda che è racchiusa nella nostra mente o meglio nella nostra anima, si rifiuterà di inseguire obiettivi tanto miseri e privi di nobile significato.

Nel momento in cui saremo entrati nella febbre del gioco d'azzardo o della speculazione finanziaria ci svuoteremo e continueremo a svuotarci sempre più, odieremo gli stessi soldi e diventeremo sempre meno efficaci nel tentativo di farne.

Mi viene da pensare che nemmeno l'animale più stupido sulla faccia della Terra perderebbe la libertà e l'abbondanza che sono offerte dalla vita stessa su questo pianeta, solo per il tentativo di avere più di quello che gli è concesso, il tutto senza fare nulla.

La vera libertà e la vera abbondanza arriveranno quando noi stessi esseri umani dotati di una intelligenza suprema e di un potere mentale infinito, cambieremo in meglio.

Quando decideremo che le situazioni intorno a noi ci rendono infelici e quindi faremo qualcosa per sradicare le cause di tale infelicità. Non auto-distruggendoci.

IL TRADER DEI TESTACODA

Ricordo ancora quando iniziai a fare trading finanziario nel 2013. Nel primo anno ero solo un novizio quindi operavo con attenzione e parsimonia perché sapevo di non avere tutte le conoscenze e le capacità per poter lucrare con profitto. Vincevo poco e perdevo molto ma le perdite erano piccole quindi psicologicamente poco influenti.

Poi dopo diverse letture, spunti tecnici, analisi di mercato e trucchi del settore, iniziai a far crescere il mio capitale creandomi un vero e proprio salario mensile.

Wow ero davvero fiero di me e iniziai a pensare che poteva essere la svolta della mia vita; forse di lì in avanti avrei potuto viaggiare in giro per il mondo ed essere veramente libero operando sulle piattaforme di trading online con l'ausilio del solo computer portatile e dello smartphone. D'altronde una delle pubblicità più utilizzata dalle stesse piattaforme di trading online insisteva sul fatto che di lì a poco, in qualità di trader, si sarebbe potuto guadagnare un enorme stipendio operando da casa o viaggiando con un computer portatile, con l'ausilio del telefonino.

Non mi rendevo ancora conto che ben presto sarei entrato in un circolo vizioso dove nervi tesi e sconforto si sarebbero alternati a più riprese, con pochi momenti di successo e felicità. Si, perché più soldi facevo e più ne volevo senza nemmeno godermi più di tanto le belle somme vinte.

Non mi riuscivo ad accontentare ma volevo sempre di più e dunque le mie strategie di gioco diventavano via via più aggressive. Ma nel momento in cui arrivavano le perdite era molto dura digerirle, quindi raddoppiavo il capitale di rischio nel tentativo di coprirle e incassare anche il profitto mancato sulle scommesse precedenti. Era l'incubo dei raddoppi, dei X 4, dei X 8, e sistematicamente questo avveniva in periodi dove il mercato era così instabile da essere drammaticamente imprevedibile.

Quando le sconfitte si susseguivano e minavano la mia sicurezza finanziaria, ogni successiva azione di trading che intraprendevo risultava essere quella sbagliata, come se non fossi più capace da un giorno all'altro di fare quel lavoro.

Il motivo era molto semplice, non stavo più operando con parsimonia e calma ma mi accanivo sulle strategie più rischiose possibili per cercare di recuperare le perdite o magari per macinare rapidamente grossi profitti.

Avete presente quando si fora una gomma?

Inizialmente si continua ad andare con qualche balzello, poi se si insiste mantenendo pure una velocità sostenuta la gomma salterà, il cerchione inizierà a piegarsi e poi si giungerà alla totale distruzione della ruota col blocco del mezzo. Se non si riesce più ad operare con distacco e lucidità, con calma e prendendosi delle pause ristorative, nell'attesa degli eventi favorevoli che prima o poi arrivano sempre, ecco che il ritmo vincente ed il selfcontrol si distruggeranno. Perderemo a più riprese.

Il sistema nervoso verrà attaccato da paure e insicurezze sempre più grandi, stati depressivi, infelicità e fissazione per quegli obiettivi non raggiunti come si voleva, o non raggiunti affatto. Io ero molto abile nel coprire gli stati d'animo negativi perché sono sempre stato un ragazzo che non voleva pesare sul prossimo e che ha sempre preso la vita con leggerezza e sana follia. Un bravo consigliere e psicologo quando si tratta di ascoltare e consigliare gli altri, ma incapace di chiedere consiglio o aiuto a terzi per questioni riguardanti me personalmente.

Quando perdevo nella mia mente si affollavano i sensi di colpa, la percezione del fallimento e dell'inutilità, del resto tutto il tempo investito era anch'esso una grave perdita, oltre quella economica. Odiando questi stati e venendo a mancare il mio lato stabile e vincente la mia voce interiore voleva dire basta! Sono stati tanti i momenti in cui mi auto-analizzavo nel tentativo di capire le cause della mia smania di lucrare, e nello stesso tempo della follia che mi portava a perdere anche ingenti somme.
Poi magari vincevo di nuovo ed il morale tornava ai massimi, dunque mi rendevo conto di essere assuefatto da una specie di droga, l'eccitazione delle montagne russe di emozioni che mi regalava il rischio. Mi facevano un po' guerriero e un po' masochista.
A volte entravo in crisi e perdevo seriamente fino a

ritrovarmi sul conto di gioco (o di trading) gli ultimi soldi della disperazione. In quei momenti sentivo sorgere dentro me una specie di senso perverso di auto protezione, intendo dire che ero consapevole del fatto che ormai non potevo più recuperare le perdite con quel piccolo capitale residuo, ma ero disposto a giocarmi pure quello invece di salvarlo. A quel punto del fattaccio, preferivo distruggermi completamente per chiudere definitivamente con quella sorta di dipendenza e speranza.

Perdere tutto per tornare libero! Ricordo tante volte quando il conto sulla piattaforma di trading finiva inesorabilmente a zero, perdendo persino 4000 o 5000 € in poche ore spinto dal tentativo folle di raddoppiarli. Che botte di adrenalina, ma il 70% delle volte l'esito era negativo, solo raramente portavo a casa miracolosi raddoppi del capitale.

E allora quando finalmente il conto segnava zero e non potevo più rimpinguarlo perché privo di liquidità, sopraggiungeva una sensazione di benessere e libertà. L'autodistruzione era talvolta l'unica via di fuga da quello stato di piena dipendenza, autodistruzione e perdita totale come atti di liberazione. Vi ho appena descritto con non poche difficoltà la perversa dipendenza che può ridurre i giocatori a veri e propri masochisti.

RISCHIARE TUTTO SENZA PARACADUTE

Il grave problema del gioco d'azzardo e del trading finanziario deriva dal fatto che molte delle persone che oggi praticano non possono permetterselo.

La povertà e l'indigenza spingono sempre più persone verso l'azzardo nella speranza di far soldi miracolosamente, questo è impossibile!

Gli stessi siti web di gioco online o le loro pubblicità sui media dichiarano "gioca responsabilmente" oppure "investi solo quanto ti è possibile, in relazione al tuo stato finanziario". Tuttavia, queste frasi fatte restano solo bei consigli degli enti preposti al controllo del gioco, manifesti per lavarsi la coscienza, idem per quelle scritte in caratteri così piccoli da essere difficilmente leggibili, nella periferia delle pagine web di siti preposti alle scommesse.

La verità è che i giocatori più deboli psicologicamente finiranno per disperarsi nella loro solitudine e prima dilapideranno le loro già esigue finanze.

Ribadiamo che il gioco patologico crea un grave danno sociale e lo Stato dovrebbe rendersene conto.

Altre persone troveranno questi discorsi esagerati, tuttavia io ribadisco che il contenuto di questo libero vuole essere uno strumento per dare forza e speranza a chi ne resta vittima. Sono cose che succedono e che si possono risolvere. Forza e coraggio.

- 11 -

L'ORGASMO PERVERSO DELLA SCONFITTA

Il titolo di questo capitolo è paradossale ma sono sicuro che riuscirete a capirne il significato strada facendo. Ho appena parlato di "masochismo del giocatore" che tenderà all'autodistruzione finanziaria nel tentativo subconscio di mettere fine alla dipendenza che è diventata la sua trappola. La perversione della mente umana è ben nota e si manifesta in varie sfere della personalità, quindi quando il gioco d'azzardo si cronicizza in una patologia non più gestibile dal singolo scommettitore egli potrebbe perdere il contatto con la realtà.

Nella nuova realtà distorta lo stesso giocatore disperato potrebbe diventare un "perdente sistematico", ovvero una persona non più capace di accontentarsi delle vincite parziali che otterrà in seguito alle perdite precedenti, finendo così per distruggere anche i risultati positivi.
Le nuove eventuali vincite non sembreranno mai abbastanza se prese singolarmente, poiché l'obiettivo del giocatore resta quello di recuperare tutte le perdite precedenti.

Allora, se oggi vincerà 150 € al cospetto di una perdita totale accumulata nel tempo di 1000 €, egli continuerà a rischiare anche quelle 150 € appena vinte. La cosa più saggia sarebbe ovviamente quella di accantonare le 150 € e riprovare in un secondo momento, con maggior lucidità ed una mente riposata. O in caso di trading finanziario, quando il mercato ripeterà un trend favorevole.

Questo sarebbe un ragionamento sano e intelligente che però non è contemplabile quando lo sconforto fa perdere il controllo al gambler.

Quindi nel momento in cui il capitale inizialmente investito è seriamente danneggiato lo scommettitore o trader patologico effettuerà operazioni ad altissimo rischio nel tentativo di lavare via le perdite ed il senso di colpa e d'infelicità ad esse connessi, portando così giorno dopo giorno all'esaurimento totale delle sue disponibilità finanziarie.

GLI ULTIMI DISPERATI TENTATIVI

Il giocatore cronico (per esempio da slot machines) che ha già perso ingenti somme alzerà gradualmente il suo target di soddisfazione da raggiungere.
Le vincite eventualmente ottenute saranno reinvestite nell'utopico sogno di recuperare tutto il maltolto.
Se vincerà un jackpot o cifre importanti correrà a giocare ancora nei giorni o nelle settimane successive col rischio di perdere anche queste vincite appena ottenute che non sono sufficienti (per esempio) per coprire le perdite accumulate.

L'unico modo per uscire dall'incubo di questo loop del gioco potrebbe probabilmente essere l'ottenimento di una vincita tanto grande da poter azzerare tutte le perdite maturate, ed eventualmente un ulteriore profitto.
Ma nella realtà vera, e non distorta dai sogni del giocatore cronico, quante volte potrà mai capitare una fortuna così grande in termini statistici? Forse solo ad una persona ogni 100.000, basti pensare ai vari jackpot delle lotterie o dei casino che vengono pagati raramente ed a ben pochi fortunati soggetti (se confrontati alla massa di pretendenti che giocano quotidianamente).

Sia le vittime della dipendenza che staranno annuendo tristemente in cuor loro, sia i lettori che non sono dipendenti dal gioco, tutti possono constatare la grande stupidità di chi si illude di guadagnare tramite il gioco d'azzardo.

Quindi con i termini "giocatore masochista" e "auto-distruzione finanziaria" descrivo quelle persone divenute schiave del gioco tanto da perseguire uno sconsiderato piano lucrativo grazie all'azzardo.
Di conseguenza le azioni compulsive che il giocatore d'azzardo attua nel tentativo di resurrezione lo porteranno al definitivo prosciugamento della liquidità a disposizione. Ecco perché nei giocatori si possono identificare comportamenti inconsci e perversi deleteri, come quelli di continuare a investire le esigue somme rimaste provando l'apice del piacere quando anche queste saranno estinte. Uccidere la causa del dolore, i soldi! Maledetti soldi.

E un sistema inconscio di auto-difesa personale, infatti il cervello che può essere un nostro alleato come un nostro pericoloso consigliere. Così percependo quella sofferenza reiterata nel tempo e causata proprio dal gioco d'azzardo, vorrà porvi fine. L'unica causa che può continuare ad alimentare tale dipendenza degenerativa, ovvero i soldi, dovranno essere distrutti! Ci saremo fisicamente liberati del problema "dipendenza dal gioco" alla radice.

Quando i soldi finiscono dopo l'ultima puntata disperata, il giocatore patologico di solito prova due sensazioni fortissime ed opposte. Da un lato la miseria e la vergogna per aver davvero distrutto ogni suo denaro o comunque una grande somma.

Dall'altro la gioia per il fatto paradossale del non aver più risorse da investire (almeno nel breve termine).

Ora il giocatore potrà provare a disintossicarsi mettendo fine a quei terribili sentimenti da perdente schiavo del gioco. In questa fase gli scommettitori sono consapevoli che ben presto avranno perso tutto, anche l'istinto comunica loro che è ormai l'ora di sventolare bandiera bianca.

Ecco perché generalmente le puntate ed i capitali più alti investiti in una singola seduta di gioco o trading (in percentuale rispetto al capitale totale disponibile), risultano essere rischiati in questa fase di "disperazione" finale.

Nella fase finale salta l'auto controllo e quindi il "money management*" non viene più rispettato pur essendo un fondamentale imprescindibile nel momento in cui si provi a fare soldi nel tempestoso oceano del gioco d'azzardo e del gambling finanziario.

*Money management: nel mondo degli investimenti finanziari e del rischio viene definito "Money Management" quel piano strategico cautelativo che consiglia di investire al massimo il 2/3/5 % dell'intero capitale disponibile.

Esempio: se possediamo 1000€ da investire in operazioni di trading o di gioco, non dovremo mai rischiare più di tali percentuali per ogni singola operazione finanziaria o di rischio. In questo modo in caso di perdita non danneggeremo significativamente il capitale totale e

potremo provare nuovamente a farlo fruttare in situazioni
e condizioni successive, migliori o più fortunate.
Qualora il nostro "money management" risultasse del
20/30/50 %, basterebbero poche operazioni fallite per
danneggiare seriamente il nostro capitale totale di
investimento, od esaurirlo completamente.

RESA O FOLLIA?

La fase che abbiamo appena descritto può essere molto propizia per disintossicarsi visto che non si hanno più fondi a disposizione, è un po' come se un drogato non avesse più la sostanza quindi, seppur in sofferenza, è costretto di farne a meno.

A meno che il giocatore non sia un criminale che pur di continuare a giocare si metta a delinquere, o a sfilare banconote dalla borsetta della madre o della moglie, e a meno che il giocatore non sia così coinvolto da chiedere prestiti pur di rischiare altri soldi, ecco che questa fase di agonia finale potrebbe essere la giusta batosta per provare a redimersi.

Quindi le brutte sensazioni e situazioni vissute lo potrebbero spingere verso un rimbalzo positivo.

Potrebbe confidarsi con qualcuno per ricevere un aiuto confortante, potrebbe decidere di consultare uno psicologo, potrebbe giusto decidere di smettere di pensare al gioco perché troppo impegnato a ricostruirsi la vita.

Talvolta toccare il fondo anche finanziariamente potrebbe diventare un'opportunità per osare in qualcosa in cui si crede, per cambiare un mestiere, per partire in una avventura all'estero.

Ogni essere umano è così particolare che risulta impossibile descrivere cosa può accadere, ma di certo si può uscire dal vortice del gioco d'azzardo anche solo dopo una singola traumatica esperienza. O purtroppo rimbalzarci dentro e fuori a più riprese per il resto della vita. Oppure maturare una certa saggezza che mixata ad una nuova consapevolezza dei propri limiti e di quelli attribuibili alla fortuna, portino ad una nuova gestione del rischio.

In questa nuova vita il giocatore saprà moderarsi e giocare solo per divertimento in qualche evento, con giocate ponderate e non troppo costose.

- 12 -

IL GIOCATORE D'AZZARDO CRONICO

Come ragiona il giocatore d'azzardo cronico? Come si relaziona e comporta? Quali sono le azioni poco etiche che potrebbe compiere? Come può reagire se scoperto da persone di famiglia? E se decide di arrendersi come potremmo aiutarlo?

In questo capitolo analizziamo per punti la metamorfosi comportamentale che subisce la maggior parte dei giocatori cronici nel momento in cui inizino a vivere nel loro nuovo mondo, la bolla illusoria e distorsiva della dipendenza da gioco.

IL GIOCATORE CRONICO MENTE A SÈ STESSO

Il giocatore cronico crede effettivamente di poter ottenere una rendita dal gioco d'azzardo ed insisterà fino a danneggiare severamente le sue finanze.

Quando le perdite si fanno ingenti crede di poterle recuperare continuando a giocare, in realtà andando ad aumentare le probabilità di perdere tutto o quasi.

Può credere che sia una questione di fortuna o statistica e che prima o poi arriverà la vincita del secolo che lo salverà.

Crede di non aver un problema o comunque di poterlo gestire e di poterne uscire autonomamente quando vorrà.

Non si rende conto del peggioramento della propria qualità di vita e anche quando lo fa ne resta vittima passiva.

Per il giocatore cronico l'attività di gioco viene prima di tutto, ci penserà mentre mangia, mentre lavora, mentre parla con qualcuno. Ci penserà prima di addormentarsi e immediatamente appena sveglio.

Può saltare appuntamenti e impegni per correre a tentare la fortuna.

Il giocatore cronico può perdere la misura del tempo giocando per ore e ore ignorando persino le sollecitazioni

esterne quali chiamate, messaggi, ecc.
E se queste arrivano ne viene piuttosto indispettito.

Se siete giocatori e sentite che uno o più effetti collaterali della dipendenza da gioco si sta/stanno palesando in voi, cercate di riposare la mente, riflettete bene su quello che provate.
Poi da soli o confidandovi con una o più persone care, tentate di arginare immediatamente questi sintomi della sbornia da gioco d'azzardo o trading (qualunque sia la vostra dipendenza), prima di diventare veri e proprie zombie o schiavi, isolati nella vostra segreta disperazione.

PROTEGGE LE ATTIVITA' "SEGRETE"

Il giocatore cronico inizierà a impiegare gran parte del tempo libero nelle sue attività di gioco piuttosto che svolgerne altre di carattere sociale e quindi a contatto con gli altri. Utilizzerà il restante tempo libero per ripensare alle sedute di gioco svolte, o magari a quanto denaro gli resta a disposizione da spendere, o ancora come procurarsi altro denaro qualora fosse terminato.

Isolandosi giocherà da solo con la costante paura di incontrare qualcuno che lo possa riconoscere chiedendo spiegazioni.

Ha paura che qualcuno investighi sulle sue attività scoprendo la sua patologia.
Tenderà a chiudersi in sé stesso comunicando di meno con parenti, amici e conoscenti.

Il giocatore cronico ha spesso dei veli di tristezza, delusione, apatia, irrequietudine nel suo sguardo.

IL GIOCATORE CRONICO MENTE A TUTTI O QUASI

Il giocatore cronico mentirà sistematicamente a domande quali: dove vai tutti i giorni a quell'ora? Ma nell'ultimo periodo dove li spendi tutti questi soldi? Perché non vieni più in palestra o a giocare a calcetto? Cosa devi fare con i soldi che ti ho prestato?

Il giocatore d'azzardo cronico se scoperto tenterà in ogni modo di rassicurare l'interlocutore sorridendo e dicendo che è tutto ok, che è solo un vizietto da poco o che ha già deciso di smettere.

Negherà persino le evidenze e quindi, se scoperto o incalzato da domande allusive, potrebbe diventare irascibile o aggressivo.

RINUNCERA' A MOLTE COSE PUR DI GIOCARE

Il giocatore cronico, senza grandi mezzi finanziari da investire, inizierà a rinunciare all'acquisto di vestiti, accessori, potrebbe usare la bicicletta per risparmiare sulla benzina, risparmierà persino sulla spesa alimentare, tutto questo e di più se utile all'accantonamento di un budget da investire nel gioco. Rinuncerà ad un weekend o una vacanza in programma se nella sua mente ha già calcolato che tale budget dovrà essere investito nel gioco d'azzardo.

Quindi il giocatore cronico potrebbe saltare un pasto o persino il sonno preso da una sessione di gioco prolungata o dagli effetti depressivi causati dall'ennesima perdita. Può ignorare il/la partner anche dal punto di vista sessuale, dimenticarsi degli impegni e crollare nella sua produttività lavorativa.

Può essere completamente assorbito dall'ossessione del gioco.

LE AZIONI ESTREME CHE PUO' COMPIERE

Il giocatore d'azzardo può chiedere prestiti agli amici e nel caso in cui non riesca ad onorarli né rinvierà la restituzione con le scuse più disparate. Il giocatore cronico può arrivare a sottrarre soldi di nascosto ai familiari, alla compagna o al compagno, persino sul posto di lavoro se ha l'opportunità di maneggiare denaro contante.
Continuando nello specifico potrebbe anche intraprendere le azioni di seguito.

Accendere mutui o finanziamenti per poter continuare a giocare o nel tentativo di coprire le perdite.
Può vendere beni mobili, gioielli, altri beni di lusso pur di procurarsi il budget da investire.

Arrivare a vendere beni immobili per investirne i proventi nel gioco stesso.

Delinquere se proveniente da un ceto sociale basso, da ambienti degradati o se è sprovvisto di un'educazione di base decente.

POTENZIALI VIZI DEL GIOCATORE CRONICO

Il giocatore cronico può essere dominato da altri vizi che lo possano allietare durante le partite, effettivamente il gioco d'azzardo è una vera droga, quindi, potrebbe armonizzarsi e completarsi con altri tipi di "piaceri" o dipendenze.

Molti giocatori cronici amano fumare sigarette o bere alcolici aumentando così il gusto della partita.

È molto comune notare il giocatore d'azzardo con in corredo un pacco di sigarette e un drink possibilmente alcoolico. Importanti possono essere anche delle caramelle alla menta che spezzano di tanto in tanto il marcato e persistente sapore di tabacco e alcolici.

POTENZIALI AZIONI COMPULSIVE

Come già esposto quando la patologia è ormai profonda e radicata, il giocatore cronico può perdere il controllo di sé e il contatto con la realtà. Il contesto più evidente è la perdita di rispetto verso il valore dei soldi come la mancanza di rispetto verso i propri cari.

Capita spesso che dopo aver perso tutto il budget iniziale, il giocatore cronico corra al bancomat per effettuare un ulteriore prelievo che gli permetta di continuare a perseguire la vittoria.

Il giocatore cronico, ad esempio, potrebbe riservare la slot machine nella quale stava giocando per poter tornare a giocare una volta effettuato il prelievo di contanti, con la speranza, generalmente illusoria, di vincere al secondo tentativo. A volte le corse al bancomat ed i tentativi di giocata possono essere multipli, in poche ore.

Oppure un giocatore di poker texano che ha appena lasciato un tavolo da gioco come perdente, potrebbe correre a comprare altre fiches per tornare presto all'attacco con un successivo tentativo.

Un giocatore di trading finanziario online non appena prosciugato il conto sulla piattaforma potrebbe ordinare un bonifico immediatamente, consapevole del fatto che i soldi impiegheranno 1/3 giorni lavorativi prima di poter essere di nuovo disponibili sul conto di gioco. Quindi soffrirà nell'attesa visto che il mercato continuerà a muoversi e lui non potrà operare fino all'accredito della cifra ordinata.

Queste azioni compulsive e ripetute creano casi anche gravi di dilapidazione dei conti in banca, comprendendo l'impegno di tutta la disponibilità mensile sulla carta di credito. Talvolta il giocatore può spendere l'intero stipendio in giocate già dopo pochissimo tempo dalla ricezione dello stesso.

CAMBIAMENTI COMPORTAMENTALI

Già negli ultimi paragrafi e qua e là nei capitoli precedenti abbiamo fatto emergere le linee del profilo psicologico di un giocatore d'azzardo che si cronicizza.

Non stiamo parlando comunque del profilo di un potenziale giocatore d'azzardo perché questo tipo di analisi ex ante non è nelle mie facoltà. Stiamo parlando della descrizione dei cambiamenti comportamentali e della psicologia di un giocatore che è già ossessionato del gioco, già totalmente dipendente.

Eccone dunque i cambiamenti comportamentali.

Ogni ora della giornata può essere quella utile, quindi il giocatore può sparire senza spiegazioni se si sente ispirato o non riesce a trattenere la voglia di giocare. Inventerà scuse per coprire fughe o ritardi.

Può diminuire il suo appetito e mangiare in modo sregolato e fuori orario. Può diminuire la sua attenzione verso l'igiene con persistenza dell'odore di tabacco o sudore quando frequenta assiduamente le sale giochi.

Nel giocatore cronico si può notare un aumento della tristezza, dell'apatia in un costante stato di assenza e inquietudine, o al contrario in relazione alla sua personalità potrebbe diventare paranoico, aggressivo o vittimista.

Può sviluppare forme di ipersensibilità verso il risparmio che è paradossale, ma del tutto spiegabile.
Infatti, il giocatore d'azzardo bruciando ingenti quantità di denaro nell'azzardo, cerca istintivamente di bloccare tale "emorragia finanziaria" risparmiando su tutto il resto.

Può diventare depresso quindi cambiare visione sulla vita e sul mondo. In tal caso vedrà la maggior parte delle cose che accadono sotto una luce negativa, potrebbe sviluppare visioni catastrofiste sull'evoluzione della società e del mondo. Risvolti assolutamente connessi ad uno stato depressivo.

Il giocatore cronico potrebbe persino sviluppare qualche alterazione fisica con aumento della sudorazione, tremore delle mani e del corpo, vista appannata o meno lucida, perdita di peso o aumento di peso. Può divenire sedentario abbandonando le precedenti attività fisiche.

Come introdotto precedentemente in certi casi estremi il giocatore cronico può sviluppare istinti criminali, rubare, non onorare debiti o diventare violento.
Il giocatore cronico nel caso di una personalità spiccatamente orgogliosa può iniziare ad incolpare o accusare i propri cari o partner per gli insuccessi accaduti precedentemente o correntemente nella sua vita.
Sono costretto ad elencare anche il caso più estremo di comportamento autolesionista da parte del giocatore d'azzardo cronico. Potrebbe persino sviluppare istinti

suicidi nel momento in cui perdendo tutto cada in disperazione totale.

Oggi abbiamo diversi problemi che affliggono la società e ogni singolo individuo. Il gioco d'azzardo dal mio punto di vista può essere annoverato nella lista delle droghe psicologiche e quindi è un fenomeno da non sottovalutare, come non sono da prendere con leggerezza i sintomi che comporta. Per questo se notate una o più avvisaglie, sfumature comportamentali, azioni strane come quelle sopra elencate, chiedetevi se il vostro partner, amico, conoscente possa essere finito dentro il vortice della ludopatia.

Qualora voi stessi siate dei giocatori d'azzardo cronicizzati o siate sulla strada per farlo, cercate in ogni modo di disintossicarvi, fatelo da subito. Tanto lo sappiamo entrambi che, salvo botte di fortuna da 1 su 100.000, questa non è la strada giusta per risolvere i vostri problemi finanziari, né tanto meno per risolvere la vostra infelicità (per fatti della vita) che vi porta ad isolarvi dentro tale schifo.

- 13 -

I DANNNI SULLA SALUTE PSICOFISICA

Quando ci si intrappola all'interno del torbido mondo della dipendenza da gioco (ribadendo che qui includiamo scommesse, trading finanziario, casino, slot machines, tavoli verdi e simili) le energie e la condizione di salute si depotenziano e deteriorano a tutti i livelli.

Notti in bianco, sonno da recuperare e stanchezza mentale.

La qualità del sonno peggiora visto che l'ansia e il pensiero fisso verso il gioco possono accompagnare il giocatore persino tra le lenzuola. Molti giocatori entrano in sala slot in serata e non smettono di giocare fino alla chiusura, oppure nei casino che applicano un orario di apertura al pubblico continuato h-24, i giocatori praticano a qualsiasi ora arrivando talvolta a perdere la cognizione del tempo.

Anche io personalmente ricordo qualche mia giocata lunghissima sui casino online, direttamente dal mio computer, in quelle occasioni potevo restare sveglio tutta la notte finché non avevo perso tutto o non avevo guadagnato una cifra soddisfacente. Dunque, per recuperare il sonno perdevo tutta la mattinata successiva restandomene a letto.

Ricordo bene gli stati di stanchezza fisica e mentale che mi comportavano questi stravizi. A volte dopo aver perso tutto il budget investito fissavo il soffitto pensando per quale maledetto guadagno potevo arrivare a vendere le mie ore di sonno, la mia tranquillità emotiva e tutto quel tempo impiegato.

Quindi bruciava ancora di più essere consapevole che tutta quella stanchezza, quel tempo buttato, quel bisogno di dormire nella giornata successiva, non avevano prodotto neppure un ritorno. Era una perdita davvero su tutti i fronti!

E le condizioni erano le stesse se si trattava di trading finanziario, anche qui ci sono stati periodi felici dove ho vinto abbondantemente ed ero soddisfatto, ma tanto prima o poi sarei entrato in un periodo negativo che mi avrebbe assorbito le energie, perché questa è la droga del gioco fuori controllo, questa è la maledizione dell'avidità, questa è l'energia negativa che gira intorno ai soldi facili o presunti tali.

Fumo e alcolici compagni di sventura.

Sicuramente non vale per tutte le personalità che giocano d'azzardo, tuttavia nel mio caso adoravo "gustarmi" le giocate in compagnia di sigarette e drink.
Non sono mai stato un alcolizzato, almeno questo posso giurarvelo, ma sicuramente 3 o 4 birre fresche, vodka tonic, alternativamente wiskey o altri alcolici me li bevo con piacere di tanto in tanto. Da giocatore mi accendevo una

sigaretta almeno ogni dieci minuti che scandiva le pigiate di bottone sulla slot machine, l'alzata di carte al poker, oppure il tempo d'attesa prima che le operazioni di trading finanziario si chiudessero. E pensate che oggi non sono più un fumatore. Solo qualche spinello con 100% marijuana naturale all'interno.

Non mi negavo mai una sigaretta quando ottenevo un bonus dalla slot machine, quelle erano davvero le fumate e le bevute più gustose perché accompagnavano un successo. In pratica come probabilmente voi tutti saprete le slot machines "pagano" di tanto in tanto un bonus, questo regala un certo numero di giocate gratuite con moltiplicatori o altri "plus" casuali, premi speciali che possono fruttare laute vincite.

Ecco! Quello a parer mio è il momento in cui le sigarette sono più gustose e impossibili da evitare e anche se ne avevo appena spenta una, anche se il bonus durava 2 minuti in croce, lì ne andavo ad accendere un'altra, per carità!

Non sono mai stato un fumatore pesante di quelli da 2 pacchi al giorno, ma l'ebrezza del gioco d'azzardo mi poteva spingere ad esserlo. La mattina dopo gola secca, "colpetti" di tosse e la sensazione di aver buttato al cesso, oltre ai soldi, anche qualche giorno di vita.

Sedentarietà, pigrizia ed isolamento.

Quando si è entrati nel tunnel della dipendenza da gioco si è pieni di pensieri e il sorriso latita. Vi è la tendenza ad alimentare attività poco nobili e poco salutari a discapito di quelle più virtuose. Nei periodi di stress maggiore non si ha né la voglia né la forza di andare in palestra o giocare a calcetto, si preferisce stare sul divano a guardare la TV o crogiolarsi in pensieri tristi. Anche sul lavoro ogni attività diviene pesante e l'energia impiegata nello svolgimento delle mansioni decisamente ridotta.

Stessa cosa per quanto riguarda le uscite in compagnia e gli incontri a scopo ricreativo dove si dovessero incontrare delle persone, parlare o confrontarsi. È come se si perdesse il contatto con la realtà e dalla classica vita più o meno serena di tutti i giorni si entrasse in un nuovo mondo fatto di isolamento con le attività quotidiane ridotte ai minimi termini. Sicuramente tutto ciò è determinato da fattori psicologici quali il senso di colpa, la vergogna, la delusione, e se sopraggiunge persino la depressione.

14

COME USCIRE DALLA DIPENDENZA
O LIMITARLA

Sono giunto alla parte più difficile da scrivere sia perché so quali sfide comporti slegarsi dalla tentazione del gioco sia perché la responsabilità sui consigli da darvi è tanta. Inoltre, noi esseri umani siamo sempre e comunque diversi l'uno dall'altro, quindi non si può generalizzare.
Ma come ho fatto fin dall'inizio cercherò semplicemente di rievocare le sensazioni che ho provato nei miei periodi di attività rischiosa, dai quali è scaturita dentro me la forza per imparare a gestire il tutto.

Decido quindi di spogliarmi di ogni vergogna e condividere con voi tutti gli step che hanno contraddistinto la mia vittoria contro la dipendenza dal gioco.
Quel planarci sopra, osservarne gli effetti, sfiorarne le negatività e poi fissare regole e convenzioni che mi hanno reso il vincitore di oggi, sia quando gioco sia quando investo, sia per piacere sia per profitto.

Ora ribadiamo il fatto che con il gioco d'azzardo si può convivere, e anche se questa dichiarazione può sembrare scandalosa in questo contesto, la confermo. non è detto che tutte le persone che abbiano avuto problemi seri o abbiano bruciato ingenti somme, non possano continuare a giocare di tanto in tanto.

Certo che possono se riescono a riprendere la padronanza di decidere quando basta e soffocare la tentazione quando affiora con prepotenza o troppo frequentemente.

Io ne sono un esempio visto che come ho accennato continuo a giocare al poker con gli amici di vecchia data, ma ripeto, solo pochi euro. In più mi tolgo lo sfizio di giocare al casino una volta all'anno quando viaggio per piacere in città che ne sono provviste, ma con regole ferree, per esempio avere un budget prestabilito da investire e limiti di orario.

È anche vero che per qualcuno è meglio smettere per sempre perché non in grado di controllare le pulsioni interiori che richiamano al gioco pesante. Il divieto assoluto non giova a tutti ed è come privare un ex alcolista di un bicchiere di vino o qualche birra ogni tanto a seguito della disintossicazione. Oppure è come vietare a un fumatore di marijuana qualche fumata saltuaria rilassante, solo perché in passato ne ha abusato fumando tutti i giorni, quindi rimanendone sedato e vivendo un po' troppo "rallentato".

Dobbiamo essere consapevoli del fatto che il problema non è il gioco d'azzardo in sé o gli alcolici o quant'altro, il problema è sempre quello di mantenersi in equilibrio, di imparare a godere dei piaceri della vita con moderazione.

Effettivamente solo quando godiamo dei vizi con moderazione ne godiamo appieno, l'eccesso nausea e fa perdere di significato quei piacevoli momenti ludici.

È così persino con il sesso! Ovvio che la stragrande maggioranza delle persone adora il sesso, ma se viene fatto in modo compulsivo, estremo e ossessivo perde di valore, non siete d'accordo? Be' forse no. Ma su questo ultimo esempio voglio lasciarvi carta bianca.

È giunta l'ora di darci qualche motivazione, per spingerci ad uscire dallo schiavismo della dipendenza dal gioco. Sono certo che tutte le cose che leggerete le conoscete già benissimo. La grande fatica sta nel ribadirle e ribadirle, ribadirle dentro voi stessi perché non c'è più tempo da perdere ed è ora di amarvi e di rispettarvi, la vostra libertà e la vostra salute fisica e mentale non possono più aspettare.

GUADAGNARE COSTA FATICA

Accidenti quante volte mi sono maledetto pensando ai soldi bruciati nel gioco d'azzardo, non perché sia un tirchio o un fissato, anzi l'opposto, ma pensando a come avrei potuto investire quei soldi. Pensate ai giocatori cronici che arrivano al punto di privarsi di vestiti nuovi, di un paio di occhiali da sole, di una cena in compagnia, di un viaggio di piacere, tutto per distruggere i soldi nel gambling senza alcun ritorno vantaggioso.

Per non parlare dei problemi che a volta si possono arrecare ai propri cari che siano i genitori o i partner.

Io sinceramente avrei investito i soldi persi nel mondo del rischio in donne, cibo pregiato e soprattutto viaggi.

Non che me li sia fatti mancare visto che ho visitato intorno ai 35 paesi nel mondo "innamorandomi" di più di 200 donne ormai, ma si può sempre fare di meglio nella vita.

Ogni giorno ci rechiamo al lavoro e impieghiamo le nostre capacità ed il nostro tempo per guadagnare la rendita che ci permette di vivere decentemente.

Talvolta potremmo persino avere problemi di lavoro vista la precarietà che caratterizza i tempi odierni.

Quindi sia che vivessimo nella prima condizione col lavoro stabile, sia nella seconda di precariato, in ogni caso i maledetti soldi che otteniamo derivano dall'utilizzo del nostro tempo e delle nostre capacità.

Focalizzandoci su questo aspetto risulterà davvero terribile pensare al fatto di poter bruciare una banconota da 50 o 100 € in pochi minuti. Anche nel caso in cui fossimo benestanti e potessimo disporre di buoni capitali, quando avremo dilapidato tutti i risparmi ci troveremmo ad essere disperati e in miseria.

C'è chi potrà arrivare a vendere oggetti di valore o persino una casa, solo per via delle perdite da gioco d'azzardo o qualsiasi altra forma di investimento ad alto rischio, in questi casi avremmo davvero perso la bussola dell'equilibrio. Non riusciamo più ad essere felici nel vivere semplice e non crediamo più in noi stessi e nelle nostre qualità. Entrati in questo circolo vizioso siamo disposti a punirci distruggendo una delle cose che oggi crea maggiori pressioni all'intero della società, il denaro.

È giunto il momento di abbracciare la disciplina, la stessa che paradossalmente il giocatore cronico impegna nel risparmio meticoloso che gli permette di raggranellare il budget da scialacquare nel gioco.
Lo conosciamo benissimo questo paradosso e lo abbiamo già introdotto nei primi capitoli. Il giocatore assuefatto che inizia a risparmiare sulla benzina, sui vestiti, sulla spesa, sulla palestra, sulle cene fuori, su un regalo che doveva fare a qualcuno, un maniaco del risparmio solo per buttare tutto quanto nel forno crematorio della ludopatia. Terribile si!

Ora basta! Caro giocatore pesante datti quattro "schiaffetti" sul volto, guardati allo specchio e inverti immediatamente questo pensiero malsano. Risparmia si, ma per la vita vera, e per costruire o vivere quello che veramente desideri!

AMATI E STAI IN COMPAGNIA

Schiavi della dipendenza da gioco ci isoliamo e diveniamo scuri in volto e afflitti interiormente, così non ci sentiamo più all'altezza nemmeno della compagnia di tutte le altre persone che ruotano attorno a noi nella nostra quotidianità. L'isolamento come anticamera della depressione è uno degli aspetti più neri della ludopatia o della disperazione da investimenti compulsivi, dobbiamo dunque rendercene conto e limare ogni atteggiamento schivo verso gli altri come ogni azione che ci porti alla solitudine.

Quando possiamo ridere e chiacchierare con le persone che amiamo che siano familiari o amici ci riportiamo nell'alveo caldo e rassicurante della vita vera, fatta di emozioni, condivisione e amore. Quando nella nostra mente rimbalza come un'ossessione la visione della sala slot, o del casino o della piattaforma di trading, invitiamo un caro amico a fare una passeggiata, bere qualcosa insieme e parlare della vita. Questo ci sembra noioso e privo di valore quando siamo dentro al vortice della dipendenza ma è una delle chiavi per uscire dall'universo chiuso del mondo delle dipendenze e tornare a vivere.

Anche l'amore che è la più grande forza che esista in natura ci può aiutare a voltare pagina in modo miracoloso. Ci scordiamo troppo spesso come gli esseri umani adorino ascoltare ed aiutare. Facciamoci questa domanda!

Se un tuo caro amico o il partner venisse da noi in un momento molto fragile della sua vita e si aprisse, ci chiedesse consiglio e ci confidasse di avere un problema serio con il gioco d'azzardo, non saremmo contenti di dargli aiuto? Non ci sentiremmo forse compassionevolmente felici e utili alla sua causa? La risposta è sempre SI!

Così dobbiamo imparare a cedere, ad abbandonare vergogne e paure e confidarci ai nostri cari, anche a chi è molto intimo con noi come può esserlo un partner.

Altra azione ossigenante e perfetta per una rapida riabilitazione psico-fisica è appunto l'attività fisica. Prepariamo la nostra borsa sportiva e corriamo a praticare lo sport che preferiamo, magari in gradevole compagnia di un caro amico che ci motiverà. Torniamo in palestra e sforziamoci di riprendere i ritmi di un tempo, oppure se non praticavamo, magari iniziamo ora e iscriviamoci!

La sensazione di depurazione da tutte le scorie che il gioco d'azzardo ci pompa all'interno dell'organismo, verranno spazzate via, ossigenandoci vedremo tutta la stupidità che albergava dentro di noi uscire allo scoperto.

Saremo lucidi e coerenti e potremo iniziare la nostra rinascita.

AMATI E RISPARMIA QUALCOSA

Quando non siamo proprio davvero in grado di smettere di distruggere i nostri soldi ma siamo decisi ad uscirne una cosa molto utile può essere affidarci a terzi. Può essere un nostro caro oppure un curatore finanziario (qualora vogliamo restare nell'anonimato), in ogni caso una strategia vincente è iniziare ad accantonare una percentuale delle nostre entrate (eventualmente anche grazie a terze parti).

Ci impegneremo a versare in qualche conto o deposito intoccabile tale quota fissa con cadenza regolare, in modo da non poter più disporre dei liquidi che generalmente distruggevamo nel gioco.

Per esempio: mi impegno ogni mese a versare il 20% delle mie entrate in un fondo bloccato dal quale non potrò prelevare alcuna somma fino ad una data di lungo termine sapientemente accordata con il curatore, il/la partner, il familiare. Quindi ci liberiamo dalla tentazione di giocare ogni soldo extra che apparentemente non va ad intaccare le normali esigenze economiche di cui necessitiamo.
Nel frattempo, ci disintossicheremo dalla dipendenza attivandoci su tutti gli altri fronti che abbiamo esposto precedentemente in questo stesso capitolo.

Il curatore (mi piace chiamarlo così perché rende l'idea) ci aiuterà a frenare la nostra compulsione e pian piano ci sentiremo fieri della nostra attività di ricostruzione dei risparmi. Questa persona può essere un estraneo o un familiare, l'importante è che ci si possa fidare di lui/lei.

Sarebbe deleterio iniziare questa attività di risparmio forzato affidandoci a fondi di investimento rischiosi o che a loro volta potrebbero farci vanificare ogni sforzo adoperato nel tentativo di "rispettare" maggiormente il valore dei soldi.

IL PROFILO DEL GIOCATORE PROBLEMATICO

Attraverso i dati raccolti dallo studio e la letteratura, è possibile definire il profilo di un giocatore problematico: generalmente si tratta di un individuo di sesso maschile, con uno stile di vita poco salutare che include l'abuso di alcol, fumo e/o sostanze stupefacenti, che gioca soprattutto con le slot e con le Vlt.

Caratteristiche peculiari del giocatore problematico sono un'elevata sensibilità alla noia e la ricerca di sensazioni appaganti, anche con un'alta propensione al rischio personale. Nei casi più problematici è possibile riscontrare anche estraneità al mondo che lo circonda, impulsività, incapacità di esprimere e percepire emozioni.

Il giocatore patologico tende anche ad attribuire la propria sconfitta al gioco alla mera cattiva sorte, mentre la vittoria viene attribuita in maniera assoluta alle proprie capacità di giocatore anche in caso di giochi dove non è necessaria alcuna abilità.

Chi ha problemi col gioco tende anche a indebitarsi per soddisfare la propria mania. Secondo la già citata indagine dell'Istituto Superiore della Sanità, il 27,7% dei giocatori intervistati ha ottenuto prestiti da società finanziare rispetto al 4% dei non giocatori e il 14,2% ha chiesto anche prestiti a privati rispetto allo 0,9% dei non giocatori.

Altro fattore importante è il luogo in cui si gioca: si

preferiscono luoghi lontani dalla propria abitazione o dal luogo di lavoro e con la sicurezza di avere garantita la privacy delle proprie giocate. Un elemento che dimostra la percezione di vergogna sociale relativa al fenomeno del gioco compulsivo, che rende ancora più difficile la sua individuazione.

Il rischio di ludopatia fra i giovani.

Malgrado il profilo fin qui analizzato corrisponda a un uomo adulto, non è da sottovalutare anche il fenomeno del gioco d'azzardo patologico fra i ragazzi più giovani.

La ricerca dell'Istituto Superiore di Sanità ci dice che buona parte dei 700 mila giovani giocatori sono maschi, del sud o delle isole e frequentano istituti tecnici e professionali. Secondo le stime, 68.850 di loro risulta essere un giocatore problematico. Parliamo di minorenni che abitualmente giocano d'azzardo e hanno seri problemi a smettere.

Praticano soprattutto scommesse sportive (il 79,6%) e lotterie istantanee (il 70,1%), metodi di gioco a loro più facilmente accessibili e con meno controlli da parte dei fornitori. Secondo lo studio, è molto probabile che una volta maggiorenni si spostino anche verso altre tipologie e modalità di gioco.

Anche studi effettuati sul territorio evidenziano forti criticità riguardo ai giovani. Secondo una ricerca della Caritas di Roma su un campione di 1.600 ragazzi di età compresa fra i 13 e i 17 anni, il 36,3% gioca d'azzardo almeno una volta al mese. I giochi più popolari sono le scommesse sportive, diffuse fra l'88,3% degli intervistati, i Gratta e Vinci, utilizzati abitualmente dal 48% del campione, e le scommesse online, fatte dal 30%. Lo studio della Caritas evidenzia anche come i veicoli maggiori che portano i giovani a conoscere il gioco d'azzardo sono gli spot in Tv e la pubblicità online. È verosimile pensare che chi segue abitualmente sport in televisione sia più sensibile alle pubblicità sul gioco d'azzardo che normalmente possiamo trovare fra gli intermezzi di una partita di calcio o di un qualunque altro evento sportivo.

A contrasto del fenomeno della pubblicità eccessiva del gioco d'azzardo, nel luglio del 2018 il già citato Decreto Dignità ha introdotto il divieto di sottoscrivere nuovi contratti per la promozione del gioco d'azzardo.
Come prevedibile, l'iniziativa ha trovato il parere sfavorevole della Lega Italiana Seria A (molte squadre professionistiche sono sponsorizzate da importanti società di gioco) e del Sistema Gioco Italia.

15

YOGA E MEDITAZIONE PER LA LIBERTA'

Ora voglio condividere con voi questo argomento insolito per un contesto come la dipendenza, e sono certo che qualcuno ne è rimasto spiazzato leggendo il titolo.
Tuttavia, le attività dello yoga prima e della meditazione poi mi hanno aiutato tantissimo in ogni aspetto della mia vita, specie quando aspettavo l'illuminazione giusta prima di prendere delle decisioni.
Nel periodo più importante della mia vita quando non amavo più il lavoro che svolgevo e sentivo il bisogno di un cambiamento radicale, iniziai un corso di yoga che avevo visto pubblicizzato su una pagina internet.
Non riesco a spiegarvi cosa instillò in me la forza di reagire provando questa strada, ma lo feci.
Il corso di yoga che intrapresi fu l'esperienza risolutrice di quella fase della mia vita. Mi recavo al corso 3 volte a settimana, vedevo volti nuovi e assaporavo la gentilezza delle persone che praticavano con me, in primis la maestra di yoga che è una persona dall'energia incredibile.
All'inizio era dura praticare visto che lo yoga è un po' una forma di stretching estremo, poi man mano il mio corpo

divenne via via più flessibile e ben presto diventai un bravo praticante. Tutt'oggi pratico yoga da solo e sono ormai passati 7 anni da quel primo corso che ristabilì il mio equilibrio psico-fisico.

È proprio vero che lo yoga ti rende flessibile fuori e dentro smuovendo un'energia che è già insita in noi ma alla quale non adiamo mai ad attingere. Il senso di leggero dolore durante le posizioni più estreme lascia spazio ad una specie di orgasmo che ti percorre dalla punta dei piedi fino alla testa, è l'energia che fluisce.

La visione della vita diventa ottimistica, la voglia di amarsi e rispettarsi aumenta in maniera esponenziale, la cosiddetta consapevolezza esplode dentro te e la curiosità verso le altre pratiche che aiutano all'equilibrio personale ti spinge ad esplorarne di nuove.

Mentre praticavo il corso di yoga, infatti, fui incuriosito dalla meditazione, che iniziai a praticare e ad amare in poche settimane. Era molto difficile inizialmente tenere fuori dalla mente i mille pensieri quotidiani che la affollano, chiudere gli occhi e non pensare a nulla visualizzando solo quello che l'infinita fantasia dell'anima ci può proporre. Poi è divenuto gradualmente un viaggio, sempre più espandibile, sempre più infinito. Viaggiavo visualizzando qualsiasi paradiso terrestre o astrale venisse ispirato dalla mia coscienza e mente fantasiosa, o forse è meglio dire, dalla mia anima. Su questo punto insisto con forza miei cari lettori, se soffrite di irrequietudine, azioni compulsive e i tipi di dipendenza come questi qui trattati, fidatevi della vostra voce interiore, schiudetela grazie allo Yoga ed alla meditazione.

Provate lo yoga senza vergogna, sia siate uomini o sia siate donne, non dovete essere diffidenti o vergognosi.
Questa attività non è legata ad alcuna religione o dogma come molti pensano, è solo una pratica spirituale che vi rende liberi. Stimolerà la vostra voglia di ascoltarvi dentro, di riflettere sul senso della vita, su tutti i miracoli che ogni giorno e ogni minuto accadono intorno a voi.

Che cos'è l'infinito universo fatto di miliardi di stelle là fuori, come fa da un piccolo seme vuoto nascere un fiore o una pianta, che cos'è del resto il vento, il fuoco, l'acqua e ogni altro processo chimico.
Quale la missione della nostra vita? Tutto vi apparirà più magico e fantastico, e al cospetto di tutta questa meraviglia che cosa sono i miseri piccoli problemi della nostra quotidianità?
Forse non esistono, siamo noi a crearli, dunque le dipendenze sono davvero una grande cavolata, dobbiamo pensarci, riderci sopra e abbandonarle immediatamente ringraziando. Ringraziando perché questi ostacoli vissuti e quel dolore provato restino solo esperienze di vita positive. Ora siamo cresciuti, ora siamo evoluti. Ogni crisi nella vita ci serve per rifiorire più belli e forti di prima.

AGISCI ADESSO!

Cari amici, siamo volti davvero al termine e vi voglio lasciare con il mio più grande in bocca al lupo e con un abbraccio forte ma seguito da una spinta forte.

Siamo tutti fratelli su questo meraviglioso pianeta Terra e nemmeno le imposizioni dettate dagli altri esseri umani devono intimorirci o renderci diffidenti.

Siamo nati per essere felici, per vivere la vita come un meraviglioso gioco dove la nostra missione non è altro che inseguire i sogni e svolgere i nostri compiti nel migliore dei modi.

Agite oggi! Ora che dopo aver letto questo breve libro magari sentite una spinta che viene da dentro di voi, ora che avete il coraggio di dire basta alla schiavitù della dipendenza dal gioco. E questo consiglio ve lo do anche qualora abbiate un problema differente da quello qui affrontato ma vi foste solo trovati a leggere questo Kindle per caso. Come in quel magico giorno nel 2013 dove qualcosa mi spinse a intercettare la pubblicità di quel corso di yoga che mi aprì le porte ad un cambiamento inarrestabile, così spero che questo libro vi faccia scattare oggi stesso. Avete presente quando restate affascinati e commossi nel vedere qualcosa di artistico?

Quando osservate uno spettacolo o un'opera teatrale ed emozionati pensate "cavoli domani vado ad iscrivermi a un qualche corso di recitazione", o quando da ragazzini vi innamoravate di uno sport visto per la prima volta e pensavate "questo è lo sport che voglio praticare".

Sognare e tentare vale per qualsiasi cosa, ma dovete agire subito e crederci, perché se lascerete passare del tempo l'entusiasmo si consumerà, la voglia svanirà, e non farete più nulla per perseguire il vostro piccolo o grande sogno, la vostra rivoluzione personale. Correte a confidarvi con la persona che meglio potrebbe ascoltarvi e capirvi senza alcun pregiudizio o giudizio, oppure da un esperto del settore che possa aiutarvi contro questa patologia!

Qui il mio compito è finito, chiudete tutto e correte, forza. Sarei così contento se riuscissi ad aiutare qualcuno di voi, cosciente del fatto che ognuno di voi può farcela contro ogni tipo di dipendenza, e sicuramente può farcela contro quella dal gioco d'azzardo, scommesse e surrogati.

La dipendenza dal rischio.

"THE GAMBLER"
IL GIOCATORE D'AZZARDO

Grazie per la lettura

Andrea Falcinelli

INDICE

www.ingramcontent.com/pod-product-compliance
Lightning Source LLC
Chambersburg PA
CBHW060459290526
45791CB00001B/190